中國古典文學基本叢書

荀卿賦定本校箋

席魯思 校箋
陶永躍 整理

中華書局

圖書在版編目(CIP)數據

荀卿賦定本校箋/席魯思校箋;陶永躍整理. —北京:中華書局,2022.1
(中國古典文學基本叢書)
ISBN 978-7-101-15437-5

Ⅰ.荀… Ⅱ.①席…②陶… Ⅲ.①儒家②《荀子》-注釋 Ⅳ.B222.62

中國版本圖書館 CIP 數據核字(2021)第 230611 號

責任編輯:汪 煜 劉 明

中國古典文學基本叢書
荀卿賦定本校箋
席魯思 校箋
陶永躍 整理
*
中 華 書 局 出 版 發 行
(北京市豐臺區太平橋西里 38 號 100073)
http://www.zhbc.com.cn
E-mail:zhbc@zhbc.com.cn
北京瑞古冠中印刷廠印刷
*
850×1168 毫米 1/32 · 5¼印張 · 2 插頁 · 100 千字
2022 年 1 月北京第 1 版 2022 年 1 月北京第 1 次印刷
印數:1-4000 册 定價:19.00 元

ISBN 978-7-101-15437-5

整理説明

荀子，名况，又稱荀卿或孫卿，戰國時期著名思想家，事具《史記・孟子荀卿列傳》。他同時也是一位卓有成就的文學家，班固《漢書・藝文志》著録「孫卿賦十篇」，並云：「大儒孫卿及楚臣屈原離讒憂國，皆作賦以風，咸有惻隱古詩之義。」將之與屈原賦並舉，列爲賦家之典範。至劉勰《文心雕龍・詮賦篇》則説：「於是荀况《禮》《智》，宋玉《風》《釣》，爰錫名號，與詩畫境，六義附庸，蔚成大國。述客主以首引，極聲貌以窮文，斯蓋別詩之原始，命賦之厥初也。」更將荀卿之賦視爲賦體淵源之大宗。王芑孫《讀賦卮言・導源》：「單行之始，椎輪晚周。別子爲祖，荀况、屈平是也。繼別爲宗，宋玉是也。……有由屈子分支者，有自荀卿別派者。……相如之徒，敷典摛文，乃從荀法；賈傅以下，湛思渺慮，具有屈心。抑荀正而屈變，馬愉而賈戚。」〔一〕具道荀賦流風所及。

我國文學注重抒情，荀賦以説理爲主，文風平實，且長期附於子書《荀子》流傳，其所受重視程度自然遠不及屈宋諸賦。蕭統選編《文選》，即不録荀卿之賦。李曰剛《辭賦流變史》説荀卿「其所作詩賦若論文，完全本於學術思想之立場而表現，與戰代諸子無二致」〔二〕，但未始不能展現其高超的藝術手段，杜國庠《論〈荀子·成相篇〉——介紹二千餘年前的一篇通俗文學》一文較早地系統論述《成相篇》，文中分《成相》爲三篇，指出上篇前半用「世之殃」「主之孽」「世之災」「世之衰」等，後半用「治之經」「治之志」「志之榮」「治之道」等作爲文字上的綫索，自成一種結構，「讀起來，覺得波瀾重疊，峰巒迴複。使人忘記了内容的枯燥」。中篇則「前半以聖王的先後爲自然的順序；後半則大體以相鄰兩章首尾的字句爲連鎖」，「像轆轤似的一路轉下去，另成一種篇局」。他在詳細考察《成相篇》的篇章結構後，總結道：

《成相篇》係一篇表現政治哲學的説理的作品，荀子的思想差不多都綱領式地包括在這裏。以這樣長篇的詩，寫這樣不大適宜於詩的題材，讀起來，毫不覺得乾燥乏味，固然也是得了民歌自由活潑的形式的幫助，但也不能不佩服他的藝術手腕的高明〔三〕。

至於《賦篇》的「述客主以首引，極聲貌以窮文」，其主客問答的結構形式，其鋪排狀物的藝術手法，其勸諫諷喻的現實訴求，都對後來的漢賦寫作産生了不可忽視的影響。而《漢書·藝文志》「雜賦」類著録《成相雜辭》，當即《成相篇》之擬作合集，一九七五年十二月湖北雲夢縣出土睡虎地秦簡，其《爲吏之道》一篇中即録八首韻文，與《成相篇》文體特徵驚人一致。現代學者還注意到，《成相篇》在形式上具有民間文學性質，對後世彈詞、鼓兒詞、蓮花落等曲藝形式均可能産生過相當的影響〔四〕。

荀卿賦作保存在今本《荀子》第十八卷《成相篇》第二十五、《賦篇》第二十六兩篇之中，一般學者認爲這兩篇可以進一步細分爲十篇（胡元儀認爲有十一篇），即班固所著録的「孫卿賦十篇」，只不過各家分篇意見不盡一致。《賦篇》一般認爲包含《禮》《智》《雲》《蠶》《箴》及《佹詩》共六篇（也有將《佹詩》分爲兩篇者），而將《成相篇》分爲三、四、五篇者都有。兹將有代表性的劃分意見表列於後。

成相篇	分三篇	分四篇		分五篇
	楊倞、朱熹、杜國庠	宋刻本、影台州本、謝刻本、王先謙本	席魯思	胡元儀
一—一三章（「請成相，世之殃」至「不由者亂，何疑爲」）	第一篇	第一篇	第一篇《墮賢良》	第一篇
一四—二二章（「凡成相，辨法方」至「宗其賢良，辨其殃孽」）			第二篇《辨法方》	第二篇
二三—三三章（「請成相，道聖王」至「道古賢聖，基必張」）	第二篇	第二篇	第三篇《道聖王》	第三篇
三四—四四章（「願陳辭」至「託於成相以喻意」）		第三篇		第四篇
四五—五六章（「請成相，言治方」至「後世法之，成律貫」）	第三篇	第四篇	第四篇《言治方》	第五篇

楊倞注《荀子》，在《成相》解題中即道：「或曰：成功在相。故作《成相》三章（按，即三篇）。」又於「請成相，道聖王」句下注曰：「前章意未盡，故再論之。」揭出第一篇起訖，其餘二篇如何劃分則付闕如。其後朱熹《楚辭後語》明確將《成相》分爲三章，杜國庠先生分篇起訖與之一致。此外，《荀子》的重要版本如國家圖書館藏宋刻本、《古逸叢書》影宋台州本、謝墉校刻本、王先謙《荀子集解》本於篇内雖無文字説明，但分篇起訖均非常明顯。分爲五篇者則以胡元儀《郇卿别傳考異》爲代表。各家均細緻體察《成相》的意義結構，於轉捩處分篇，而劃分各有詳略。席魯思先生視《成相》爲「聲調譜」，注意到它的音樂特性，兼顧意義轉换，提出新的四分法，每篇均摘取篇内字句標題，頗得要領。

荀卿賦曾以别集形式流傳。《隋書·經籍志》别集之首著録《荀況集》一卷，並注「殘缺。梁二卷」，胡元儀《郇卿别傳考異》以爲：「修《隋志》者不知《成相》亦賦也，徒見郇卿《賦篇》僅六賦，不可分爲二卷，疑有殘闕，故注其下曰殘闕，梁二卷，亦殊疏矣。」可見早在隋代以前，即有將荀賦裁篇别出，以成《荀況集》二卷，可惜此本没有流傳下來。

武漢大學「五老」之一席魯思先生，是我國著名的古典文學研究學者，以精研《荀子》著稱，他用《隋志》遺意，將荀卿賦從《荀子》中析出，原文則「從其句式韻脚，提行書之」，並融貫歷代有價值觀點，施以箋注，使之單行，成《荀卿賦定本校箋》二卷，極便研閲，對於我們深入探討荀卿賦的文學價值大爲有益。

席魯思（一八九六—一九六六），名啓駉，字魯思，書室名孚尹（故又自號孚尹翁），湖南東安人。一九一六年畢業於長沙明德中學。一九二二年參與北京學術團體「思辨社」，同社有吴承仕、陳垣、楊樹達、高步瀛等著名學者。一九二四年至一九二五年被聘爲北京清室善後委員會顧問，參與清點故宫文物。一九二六年至一九二七年，任職於衡陽船山大學。一九二七年北伐軍路經衡陽，避兵返鄉，於其父席業先生所辦之應濱學社講授《説文解字》。一九二八年至一九三八年，任教於湖南大學文學院。一九三九年至一九四一年，與徐楨立、鄭際旦等人纂修湖南《寧遠縣志》。一九四二年秋至一九四三年爲湖南藍田國立師範學院國文系教授。一九四六年秋，執教於武漢大學中文系，直至逝世。生平事迹可參看張舜徽《湘賢親炙録》（參見本書附録）。

席家在東安爲巨室，席先生的伯父席寶田是湘軍重要將領，「晚年爲其後人購書十數萬册，捆載舟運而歸，藏之於老屋席家，是百十年來東安縣藏書最多的讀書簪纓之家」，其藏書「後全歸席夢禪（按，即席業先生）」〔五〕，這樣的讀書環境爲席先生後來博通經籍創造了極好條件。席先生一生執教於湘鄂兩地著名學府，在湖南大學和武漢大學任教時間最長，開設了「史學概論」（含《史通》）、「清代學術概論」〔六〕以及「先秦諸子」、「《文選》」、「《文心雕龍》」以及「陸遊研究」等課程〔七〕。席先生在課上旁徵博引，對歷代典籍的熟悉程度讓人驚異，《武漢大學校友通訊》二〇〇八年刊載劉慶雲《憶席魯思老師》即道：「湘音未改説《昭明》，解析《文心》善擷英。忽地聲情摇曳處，吟成一絶衆人驚。」席先生淹貫群籍，可惜少有著述留存，張舜徽先生《湘賢親炙録》曾説：「顧一生不喜輕率著書，平日應人之求，所爲碑傳、墓志、序跋之文，皆不留稿；教書數十年，即所編講義，亦不使一字流布，以高文碩學而無著述永傳於後，故論者尤惜之。」現在所可確知者，僅有《荀卿賦定本校箋》《〈文選〉研究綱要講義》《〈世説〉中當時語釋》《〈薑齋文集〉中賦三篇考釋》〔八〕。《荀卿賦定本校箋》定著於一九五五年（農曆乙未年）夏末，原由席先生夫人尹蘊玉先生用毛筆手抄，一九五七年十月又由武漢大學油印爲講義分發給授課學生。此次排印整理，即以油印本爲底本，本書所據一本，原係武漢大學中文系一九五五級學生傅治同先生（現爲湖南省文史研究館館員）所保存者。需要特别提及的是，本書附入的《〈薑齋文集〉中賦三篇考釋》是席先生研究船山思想、學術的一篇力作，文章古典與今典並釋〔九〕，直抉文心，旁徵史事，以極流暢之語道出船山的心曲隱衷，顯示了深厚的功力。該文僅第一部分公開發表過，此次訪得全文，並加以必要校訂，對讀者當有重要參考價值。由席先生東安族裔席振祥先生慷慨提供。

現將整理中以下問題略作交代：

一　本書收録席先生兩篇辭賦研究著作《荀卿賦定本校箋》《〈薑齋文集〉中賦三篇考釋》，以存先生治學之梗概，書名仍題《荀卿賦定本校箋》，以明其學術之大端。

一　《荀卿賦定本校箋》以《略例》引其端，以各篇前後案語明其緒，詳考書名、篇名、篇數，並以此爲基礎校正文字，施以箋注。其校勘多依王念孫、王引之（《讀書雜志》）、郝懿行（《荀子補注》）、俞樾（《諸子平議》）、王先謙（《荀子集解》）、劉師培（《荀子補釋》），箋釋則以楊倞、朱熹（《楚辭後語》）兩家爲基礎，除參考王先謙《荀子集解》所列各家成果外，更廣以張惠言《七十家賦鈔》、錢大昕《十駕齋養新録》、孫詒讓《札迻》、陶鴻慶《讀諸子札記》、劉師培《荀子補釋》、梁啓雄《荀子簡釋》等著述。本書校箋意主簡明暢達，力避煩碎，參《呂氏家塾讀詩記》例，「以己意貫穿，斟酌損益」，「詳人之所略，而亦略人之所詳」，而於諸家校釋，時有未及其名者。考原編講義，僅題「編」字，書後且云「簡書殺青且勿遽」，可知意在傳學，而慎言流布，不可以鈔書視之。

一　此次整理，於席先生之校改而未詳其故者，參以諸家校勘，並校以國家圖書館藏宋刻本《荀子》（《中華再造善本》唐宋編）、《古逸叢書》影宋台州本《荀子》、臺北「央圖」藏宋紹熙間建刊本《纂圖分門類題註荀子》、宋刻元明遞修本《纂圖互注荀子》（《中華再造善本》唐宋編）、明世德堂本《荀子》

（哈佛大學燕京圖書館藏）、謝墉校刻本《荀子》（北京直隸書局《抱經堂叢書》一九二三年影印乾隆丙午刻本）、王先謙《荀子集解》本（中華書局新編諸子集成本）以及朱熹《楚辭後語》（《中華再造善本》唐宋編影宋端平本）；其箋注所采，今皆可見，不復繁爲疏證。

一 《荀卿賦定本校箋》中《成相》一篇，底本各章間均有空行，此席先生劃分《成相》各章之標識，今整理是篇，凡席先生所空之處，皆仍其舊。以便讀者省覽席先生所定篇章次第。

一 《荀卿賦定本校箋》底本已有標點，而引文多未明起訖，間亦有引而未標示者，今凡引用之處，皆據可靠版本一一覆按，詳其首尾，示其異同。

本書得以整理出版，首先當感謝傅治同先生，傅先生珍藏講義近六十年，今無私獻出，孜孜謀求刊印流布，足見尊師敬道之誠。武漢大學唐富齡、王慶元兩位教授爲蒐集席先生著作出力不少，王教授以七旬之齡親自領我拜訪席先生家屬以及武漢大學檔案館，多次行走在地勢頗高的武大校園內，他對授業恩師的這份感情，讓我真切感受到學術傳承是何等神聖！席先生逝世已逾一甲子，其間世事屢遷，先生之著述尚有待於進一步蒐尋整理。中華書局文學編輯室朱兆虎、劉明二位仁兄熱心古道，景慕先賢，頗懷以書存人之志，慨允立項出版。在下學識有限，接受委託整理，實屬勉爲其難，雖盡力爲之，闕失必所在多有，尚待博物君子有以教正之！

陶永躍

二〇一九年八月

〔一〕見《淵雅堂全集》，王義勝整理，廣陵書社，二〇一七年，第一〇〇七頁。

〔二〕李曰剛《辭賦流變史》，文津出版社，一九八七年，第六四頁。

〔三〕杜國庠《論〈荀子·成相篇〉——介紹二千餘年前的一篇通俗文學》（《先秦諸子的若干研究》，三聯書店，一九五五年，第七一至七四頁）。此文原發表《中原》雜誌，一九四五年，第二卷第一期，後收入《先秦諸子的若干研究》。

〔四〕參見楊憲益《零墨新箋——〈逸周書·周祝篇〉〈太子晉篇〉和〈荀子·成相篇〉》（《新中華》雜誌，一九四五年，復刊第三卷第十二期）以及杜國庠《論〈荀子·成相篇〉——介紹二千餘年前的一篇通俗文學》一文所附朱師轍先生的討論信。

〔五〕參見王鍾翰《王鍾翰學述》，浙江人民出版社，一九九九年，第六頁、第十頁。

〔六〕參見湖南大學一九三四年編《湖南大學一覽》。「清代學術概論」簡介云：「本學程研究清代學術概要。欲知歷代學術流別，宜先通清代學術概要。蓋清儒直承先秦漢唐之緒，理董之功爲多，發明之功亦不少，生今爲學，事半功倍，實清儒有以詔之。茲條別其學術源流，並仿學案之體，以人爲綱，詳其治學之才，立身之本，作學者之津逮，且資觀感云。」當爲席先生所定。

〔七〕參見武漢大學圖書館、檔案館開發資料數據庫《武漢大學名師庫》「席魯思」條。

〔八〕《〈文選〉研究綱要講義》於一九六三年一月印發，共十四葉，係取駱鴻凱《文選學》一書「刪取改易補充」而成，武漢大學王慶元教授有藏，余從複得一份。《〈世説〉中當時語釋》，未見，鄢先覺先生譯注《世説新語》（許嘉璐主編《文白對照諸子集成》下册，廣東教育出版社，二〇〇六年）引用數條；二〇一八年孔夫子舊書網曾有其稿本《〈世説〉中當時語釋要》流出。

〔九〕陳寅恪先生《金明館叢稿初編·讀哀江南賦》一文説：「蓋所謂『今典』者，即作者當日之時事也。」又説：「蘭成作賦，用古典以述今事。古事今情，雖不同物，若於異中求同，同中見異，融會異同，混合古今，别造一同異俱冥，今古合流之幻覺，斯實文章之絶詣，而作者之能事也。自來解釋《哀江南賦》者，雖於古典極多詮説，時事亦有所徵引，然關於子山作賦之直接動機及篇中結語特所致意之點，上限於詮説古典，舉其詞語之所從出，而於當日之實事，即子山所用之『今典』，似猶有未能引證者。」船山之賦，亦「用古典以述今事」，席先生爲之發覆，創獲頗多。

目録

略例

一　《漢書·藝文志·儒家》「《孫卿子》三十三篇」，當作「三十二篇」。《詩賦略》「孫卿賦十篇」。案，三十二篇中已有《成相》及《賦篇》矣，自來讀者莫喻其故，蓋劉向裒集《七略》時，兩書本自別行，乃於箸録時互見之。實則十篇之賦，即荀子書中之《賦》與《成相》兩篇無疑義也。今校定作箋，核之《漢志》，名從主人，題曰「荀卿賦」，猶戴氏震注《離騷》以下二十五篇直曰「屈原賦」之例。惟《漢志》作「孫」，今仍作「荀」，「孫」、「荀」聲轉，不必爲避漢宣帝諱也。若從後來隋、唐《志》著録，則名曰《荀況集》矣，定名正義，似亦可通。

以上考定書名。

一　胡元儀《考異》〔一〕首明荀書中《賦》與《成相》即《漢志》著録之賦篇，可稱卓識，惟謂《成相雜辭》〔二〕十一篇盡出《淮南子》，既嫌武斷，而其説亦混無分別。至以《佹詩》五篇爲《賦》，《賦》爲《佹詩》，此向來相承之誤。賴張氏惠言《七十家賦鈔》案語裁斷其失，千載之覆，發於一旦，自此篇名可定矣。今以「天地易位」以下云云爲《賦》，居首篇；次以《禮》《知》《雲》《蠶》《箴》，《佹詩》五篇；再次以《成相雜辭》四篇，適合《漢志》十篇之數。胡氏未能盡明《成相》詞例，故其分篇以《成相》爲五而合計之，疑《漢志》荀賦當爲十一篇，此其失也。考定篇章，秩如有條，蓋理勢自爾，非勉强求合也。

以上考定篇名篇數。

一　清代校勘諸家勘定古書，爲功甚著。《荀子》有王先謙《集解》，所取顧、盧、郝、劉、王、俞諸説爲多，而各有短長。王氏間下己意，亦復可存，自是參閲之善本。惟全載考證辨駁之語，未免煩碎。今校定則廣以王氏所未采尚復多種，擇善而從，不復著其名氏。以非集解之體，而意主簡明，但從確然無疑者爲定，能通篇、章、句、字及用韻之例，思過半矣。別定《成相》篇、章、句韻例，録附《成相辭》首。宋人彭叔夏《文苑英華辨證》一書，考核精密，其於改字分標三例云：「承訛當改。別有依據，不可妄改。義可兩存，不必遽改。」〔三〕如能取以爲式，則明人妄改古書與清人每據類書以改本書之失，庶幾可免。總之，毋强通其所不可通，而毋疑其所不當疑，則善矣。此校讀古書之要訣也。今於存疑或異義可參者，仍標姓氏於箋中，加以「案」字，以示審慎。又清代考據諸家，不喜朱晦庵之學，凡朱氏《楚詞後語》注及《楚詞辨證》諸條不一寓目，而所校義每與之暗合，此乃門户之見，不知陳蘭甫澧固嘗謂朱子乃開清代考證學之先者也。吾之取朱，非曰表微，實欲溯其原耳。

以上校例。

一　荀子書以唐人楊倞注爲最古，雖間有舛誤，或未能通曉作者旨趣，而詳洽多明古義，其引據唐以前故籍，亦偶存一本或説，足資參證。其次則惟有朱注，見《楚詞後語》，其所取僅《荀子·成相》及所誤認之《佹詩》，《後語》本之晁氏之《續變離騷》。而所注大抵本楊而加詳明，其於《成相》句例有所闡發，則勝楊之漫不加察者矣。今箋中於楊、朱兩注采用處，間亦標出，於楊則衹稱「舊注」，或加案語考其得失；其不標「舊注」而實用其義者，亦多有之，然有直用原語者，既以己意貫穿，斟酌損益，非同鈔集之例；其他采取衆家之説亦然，不以掠美爲嫌。但其中創爲之注者亦復不少，蓋詳人之所畧，而亦畧人之所詳也。陳振孫《書録解題》於「《吕氏家塾讀詩記》」條下云：「先列訓詁，後陳文義，翦裁貫穿，如出一手，己意有所發明，則别出之。」案，此固箋注之定法良模，力所未逮，竊嚮往之。今校定荀賦諸篇，從其句式韻腳，提行書之；其箋釋則當句夾注，以便讀者。亦有連上下句釋之，或總釋篇章之旨者。稱引考證前人之説，或自有闡明，則加後案。凡釋文句事義，專主明白洞達，不欲煩蕪破碎也。箋者，表識書也，故有取於斯名，其實箋、注一義，無取强爲區别。

以上箋例。

一　首篇之後，有附録二則，以其義相關涉，可備參考，不可得而略也。書末則附存史志著録，間綴辨證，以見流别之意。評論所及，則采《文心彫龍》，聊示體式綱領，其因荀賦而見者略箸之，例同附録。

以上附録例。

〔一〕考異，即《郇卿别傳考異》，全文收入王先謙《荀子集解·攷證下》。

〔二〕成相雜辭，原作「成相雜詞」，今依《漢書·藝文志·詩賦略》著録及本書卷二訂。後倣此，不再出注。

〔三〕此處所引非《文苑英華辨證》原文，《四庫全書總目》卷一百八十六「《文苑英華辨證》」條：「叔夏此書，考核精密。大抵分『承譌當改。别有依據，不可妄改。義可兩存，不必遽改』三例。」查《文苑英華辨證》卷一，用字之例有三：其一「凡字有本之前人不可移易，此類當以《文苑》爲正」，即「别有依據，不可妄改」；其二「凡字因疑成訛當是正者，此類覽者所宜詳也」，即「承訛當改」；其三「凡字有兩存，于義亦通者，此類並仍其舊，或注一作」，即「義可兩存，不必遽改」。參見中華書局一九六六年影印《文苑英華》所附《文苑英華辨證》卷一，第五二五六至五二五八頁。

荀卿賦定本校箋卷一

席啓駉學

賦一篇

天地易位，四時易鄉。

鄉，猶方也。春夏秋冬皆不當其方，謂失其序。「易位」亦猶「易鄉」〔一〕，皆言顛倒錯亂也，以喻賢愚之相易。

列星殞墜，旦暮晦盲。

星之有行列者，皆殞墜矣，極否塞之象，以喻萬事弛廢。晦盲，言無暫明之時。

幽闇〔二〕登昭，日月下藏。

闇，與「暗」同。昭，與「照」同。以喻愚暗之人登照明之位，而明如日月之人，反隱藏於下也。

公正無私，見謂縱横。

凡見譽或見毁於人皆曰「見謂」。言公正無私之人，反以「縱横反覆」見毁於世也。舊本「反見縱横」，文不成義，今依舊注訂。

志愛公利，重樓疏堂。

重樓以喻高峻，疏堂以喻光明。言在上位行至公以利百姓，斯重門洞開耳，喻無蔽塞也。

無私罪人，憼革戒兵。

言果於去惡，於罪人無私庇，兼以儆戒兵革，示强盛也。舊本「戒」作「貳」，注解爲「副益」〔三〕，失之，今訂。

案，上四句正言其事，非相反之詞，《楚詞後語·佹詩》朱熹注承前後句意，概解爲兩反之語，殆失之，舊注亦未憭。

道德純備，讒口將將。

將將，讀爲「鏘鏘」，集聚之貌。此言德美之人而讒口交集之，不能用也。

仁人絀約，敖暴擅彊。

絀，退；約，窮也。敖，與「傲」同；暴，亦强也。擅，專也。

天下幽險，恐失世英。

言天下幽暗凶險如此，必恐時之英賢不見用。

螭龍爲蝘蜓，鴟梟爲鳳皇。

螭，如龍而黄。蝘蜓，蜥蜴也，即守宫。言世俗不知善惡，螭龍之聖，反謂之蝘蜓；鴟梟之惡，反以爲鳳皇也。

比干見刳，孔子拘匡。

刳，剖也。紂臣比干强諫紂，紂怒曰：「吾聞聖人心有七竅。」剖比干觀其心。事見《史記》。子畏於匡，見《論語》。匡，地名。《史記》云：「陽虎曾暴於匡，孔子貌似陽虎，故匡人圍之。」

昭昭乎其知之明也，拂乎其遇時之不祥也。

拂，違。祥，善也。

郁郁乎其欲禮義之大行也，闇乎天下之晦盲也。

郁郁，有文章貌。晦盲，言人莫之識。

案，上四句「拂乎」二字與「郁郁乎」三字互誤，不合句例，今依舊注訂。

皓天不復，憂無疆也。

皓，與「昊」同；昊，大也。疆，竟也。呼天而訴，言世亂不復，憂不可竟也。

千歲必反，古之常也。

復自解釋云：亂久必復於治，亦古之常道。

《易·震卦》初九《小象》曰：「震來虩虩，恐致福也；笑言啞啞，後有則也。」王引之《經義述聞》曰：「《爾雅》：『則，常也。』……震來恐懼失常，後乃笑言，復其常度。……解者多以『則』爲『法則』，非也。」今案，《易》「後有則」，即此「反常」之義。

弟子勉學，天不忘也。

此荀子勗勉其徒之詞，言天道福善，故曰「不忘」，恐弟子疑爲善無益，而懈惰也。

聖人共手，時幾將矣。

共，讀爲「拱」。幾，詞也。荀意謂亂極必反，非謂世事已去，不可復治也。此二句乃望之之詞，言聖人於此，亦拱手而待之耳。所謂「千載必反」〔四〕，此時殆將然矣。

朱注總上四句云：「若使昊天之運往而不復，則所憂乃無窮。顧盛衰消息，循環代至，未有千歲而不反者，此固古今之常理也。弟子亦勉於學以俟時耳，天道神明，豈終忘此世者哉？況物極必反，時運之開，其亦將不久矣。」案，朱注申義極明暢，惟以「聖人亦拱手而不能有爲」爲釋，似未諦，因畧去之。

與愚以疑，願聞反辭。

蓋弟子自云愚而有疑於其言，故願聞反詞也。愚，爲其自稱。反詞者，兩反之說也。

案，此爲弟子勉學之訓，而請問之詞。「與愚」二句，弟子問詞，以下答以反詞。

其《小歌》曰：

舊注：「反辭，猶《楚詞》『亂曰』。故謂之《小歌》，總論前意也。」朱此注云：「《楚詞·抽思》亦有《少歌》，即此反詞。」又注《九章》云：「《少歌》，樂章音節之名，《荀子·佹詩》亦有《小歌》，即此類。」案，《佹詩》非此《賦》，説見後箋。

念彼遠方，何其塞矣。

朱注：「『塞』字音義皆未詳，或恐是『蹇』字也。」案，「塞」不與「衍」、「服」爲韻，朱校近之。

蹇，險難之意。

仁人絀約，暴人衍矣。

衍，饒也。與「仁人絀約，敖暴擅彊」語意同。

荀子意實譏楚，不敢斥言楚國，故姑託「遠方」言之；若謂「彼遠方之國，有如下所云云」耳。

此荀卿之危行言遜也。

忠人〔五〕危殆，讒人服矣。

服，用也。本或作「讒人般矣」，般，樂也，音盤。朱云：「《九歌》首章『服』亦作『般』，蓋通用。」案，「衍」、「饒」、「般」、「樂」對文，而義自顯，讀「般」爲是。

琁〔六〕玉瑶珠，不知佩也。

琁，即「瓊」字，赤玉也。瑶，美石也。言不知以此四寶爲佩。

襍布與錦，不知異也。

此謂布與錦雜陳於前而不知别異，是美惡不分也。

閭娵子奢，莫之媒也。

閭娵，古之美女。子奢，即子都。奢、都古本一音，鄭之美人，《詩》曰：「不見子都。」莫之媒，言無人爲之媒也。

嫫母刀父〔七〕，是之喜也。

嫫母，古之醜女。刀父，舊注未注，疑即齊之豎刁，「刁」有貂音，後人别「刀」、「刁」爲二字。喜，悦也。美者無媒，則惟惡者是悦矣。

以盲爲明，以聾爲聰。

此變易是非，淆亂黑白之意。

以危爲安，以吉爲凶。

危者，安其位者也，是故君子安而不忘危。吉而凶之，殆矣。

嗚呼上天，曷維其同！

歎而告上天之詞。舊注引《春秋後語》作「曷其與同」。

案，《戰國策·楚策》《韓詩外傳》引此賦，斷自「琁珠瑶玉」〔八〕，以下至末有異文，具見附録。○朱注云：「衰亂之世，人懷私意，乖異反易，至於如此。故呼天而問之曰：『何爲而可使之同乎？』同則合乎天下之公，是非、善惡皆當於理，而天下治矣。此明天意悔禍，則轉禍爲福，撥亂反正，不足爲難，以解弟子之惑也。」案，朱注申義甚明，特存之。○案，此賦爲荀子孤憤之詞，亦即爲弟子勉學之訓，非必遺春申君而作。據《國策》《韓詩外傳》所載，但其《小歌》之大半章耳，取以儆春申，義或然也。至於爲書以謝，事容有之，而不得混此《賦》爲一談也。今定此《賦》居首，以訂唐以來認爲《佹詩》之誤，而《佹詩》則爲《禮》《知》《雲》《蠶》《箴》五篇，次之。其荀書《堯問篇》末，自「爲説者」以下，舊注以爲荀卿弟子之辭，是也。蓋荀徒推尊其師，儕於孔子，所謂「遺言餘教」，正與此《賦》相發，文句語意有從同者，其爲受此《賦》之影響無疑。兹附録《賦》後，覽者當自得之。

〔一〕易鄉，原作「異鄉」，今依荀賦原文訂。

〔二〕幽闇，國家圖書館藏宋刻本、《古逸叢書》影宋台州本及王先謙《荀子集解》本皆作「幽晦」，宋紹熙間建刊本《纂圖分門類題註荀子》、宋刻元明遞修《纂圖互注荀子》本及宋端平本《楚辭後語》作「幽闇」。王念孫《讀書雜志・荀子弟八》（上海古籍出版社點校本，二〇一七年）：「宋本『闇』作『晦』者，涉上文『旦暮晦盲』而誤。《藝文類聚・人部八》引作『幽暗登照』，『暗』與『闇』同。」

〔三〕楊倞釋「貳」爲「副也」，又串講「愨革貳兵」作「儆備增益兵革之道」，是復以「增益」明「副」字之義。《説文解字・貝部》（中華書局，二〇一三年）：「貳，副益也。」

〔四〕「千載必反」，當依上文作「千歲必反」。

〔五〕忠人，參校各本皆作「忠臣」。此或據原文「仁人」、「暴人」、「讒人」詞例訂改。

〔六〕琁，原作「璇」，參校各本皆作「琁」。《説文解字》以「琁」爲「瓊」之或體，席先生注文或本此。此以「琁」爲是。

〔七〕刀父，國家圖書館藏宋刻本、《古逸叢書》影宋台州本、明世德堂本作「刁父」，宋紹熙間建刊本《纂圖分門類題註荀子》、宋刻元明遞修本《纂圖互注荀子》、謝墉校刻本、王先謙《荀子集解》本及許維遹《韓詩外傳集釋》（中華書局，一九八〇年）、屈守元《韓詩外傳箋疏》（巴蜀書社，二〇一二年）作「力父」。此蓋從朱熹《楚辭後語》，錢大昕《十駕齋養新録》

（上海書店出版社，二〇一一年）卷十二「刀父」條亦據此爲説，是席先生注文所本。

〔八〕「琁珠瑶玉」四字恐誤，許維遹《韓詩外傳集釋》、屈守元《韓詩外傳箋疏》及本《賦》均作「琁玉瑶珠」。又，此《賦》附二所引《戰國策・楚策》作「寶珍隋珠」。

附《荀子・堯問篇》末章

爲説者曰：「孫卿不及孔子。」是不然。孫卿迫於亂世，鰌猶「迫」也。於嚴刑，上無賢主，下遇暴秦，禮義不行，教化不成，仁者絀約，天下冥冥，行全刺之，諸侯大傾。案，此二句未詳其義，意謂行之全美者反遭刺譏耶？當是時也，知者不得慮，能者不得治，賢者不得使，故君上蔽而無覩，賢人距而不受。然則猶「而」也。孫卿懷將大也。聖之心，蒙佯狂之色，視示也。天下以愚。《詩》曰：「既明且哲，以保其身。」此之謂也。是其所以名聲不白，徒與不衆，光輝不博也。今之學者，得孫卿之遺言餘教，足以爲天下法式表儀，所存者神，治也。所過者化。觀其善行，孔子弗過。世不詳察，云非聖人，奈何！天下不治，孫卿不遇時也。德若堯禹，世少知之；方術不用，爲人所疑；其知至明，循道正行，足以爲紀綱。嗚呼賢哉！宜爲帝王。天地不知善，桀紂殺賢良。

比干剖心，孔子拘匡；接輿避世，箕子佯狂；田常爲亂，闔閭擅彊；爲惡得福，善者有殃。今爲説者，又不察其實，乃信其名。時世不同，譽何由生？不得爲政，功安能成？志修德厚，孰謂不賢乎？

案，此文後段亦以韻語出之，與荀《賦》如響斯應。

附《戰國策·楚策》《韓詩外傳》四略同。

客説春申君曰：「湯以亳，武王以鄗，通「鎬」。皆不過百里以有天下。今孫子天下賢人也，君藉之以百里之勢，時卿爲楚蘭陵令。臣竊以爲不便，於君何如？」春申君曰：「善。」於是使人謝孫子。孫子去之趙，趙以爲上卿。客又説春申君曰：「昔伊尹去夏入殷，殷王而夏亡；管仲去魯入齊，魯弱而齊强。夫賢者之所在，其君未嘗不尊，國未嘗不榮也。今孫子天下賢人也，君何辭之？」春申君又曰：「善。」於是使人請孫子於趙。孫子爲書謝曰：「癘人憐王，《外傳》作「鄙語曰：『癘人憐王。』」[一]此不恭之語也。雖然，不可不省察[二]也，此爲劫弑死亡之主言也。夫人主年少而矜材，無法術以知姦，則大臣主斷國私，以禁誅於己也，故弑賢長而立幼弱，廢正適而立不義。

《春秋》戒之曰：《外傳》作「《春秋》之志曰」。『楚王子圍聘於鄭，未出竟，聞王病，反問疾，遂以冠纓絞王殺之，因自立也。』『齊崔杼之妻美，莊公通之，崔杼帥其君黨而攻莊公，莊公請與分國，崔杼不許；欲自刃於廟，崔杼不許。莊公走出，踰於外牆，射中其股，遂殺之而立其弟景公。』近代所見：李兑用趙，餓主父於沙丘，百日而殺之；淖齒用齊，擢閔王之筋，縣於其廟梁，宿夕而死。夫癘雖癰腫胞疾〔三〕，上比前世，未至絞纓射股；下比近代，未至擢筋而餓死也。夫劫殺〔四〕死亡之主也，心之憂勞，形之困苦，必甚於癘矣。由此觀之，癘雖憐王可也。」因爲賦曰：「寶珍隋珠，不知佩兮。禕衣與絲，不知異兮。閭姝子奢，莫知媒兮。嫫母求之，又甚喜之兮。以瞽爲明，以聾爲聰。以是爲非，以吉爲凶。嗚呼上天，曷惟其同！」引荀賦當止於此。《詩》曰：「上天甚神，無自瘵也。」《外傳》引《詩》作「上帝甚滔，無自瘵焉。」〔五〕

案，汪中《荀卿子通論》云：「此書自『厲憐王』以下，乃《韓非子·姦劫弑臣篇》文。……其賦詞乃荀子之《小歌》，見於《賦篇》，由二書雜采成篇，故文義前後不屬。……至引事説《詩》，韓嬰書之成例，《國策》載其文而不去其詩。」胡元儀《郇卿別傳考異》則以爲後人據《韓詩外傳》以竄入《國策》，其説良是。胡氏又謂「劉向校《孫卿書》云『謝春申君書以刺楚國』，事必不誣，韓非爲郇卿弟子，援引師説，又何足怪。……謝書心情悱惻，諷刺深遠，竝無舞智禦人之事」云云，蓋駁汪説。今略存汪、胡兩説以備參考。要之，荀子作賦自攄憤懣，不當如後來但援《策》《傳》之文，直以爲遺春申君者耳。〇又案，「荀」之爲「孫」，語音之轉。見《日知録》二十七。《荀子·儒效》《議兵》《彊國》《堯問》，《韓非子·難三》，《戰國策·楚策》，劉向《書録》，《漢書·藝文志》《楚元王交傳》《儒林傳》，《鹽鐵論·毀學》〔六〕，《風俗通·窮通》並作「孫」。《史記·孟荀傳》《韓非傳》《春申君傳》《李斯傳》並作「荀」。

〔一〕癘人憐王，許維遹《韓詩外傳集釋》、屈守元《韓詩外傳箋疏》並作「癘憐王」。

〔二〕省察，元吴師道《戰國策校注》（《四部叢刊》初編）、范祥雍《戰國策箋證》（上海古籍出版社，二〇一一年）均作「審察」。

〔三〕「疾」字原缺，疑誤脱，今據元吴師道《戰國策校注》、范祥雍《戰國策箋證》訂補。

〔四〕劫殺，吴師道《戰國策校注》、范祥雍《戰國策箋證》均作「劫弑」。

〔五〕上帝甚滔，「滔」字恐誤，許維遹《韓詩外傳集釋》作「蹈」，屈守元《韓詩外傳箋疏》作「慆」，許、屈二書廣校衆本，未見有作「滔」者。二句出《詩經·菀柳》，《毛詩傳箋》（孔祥軍點校，中華書局，二〇一八年）作「蹈」。

〔六〕王利器《鹽鐵論校注（定本）·毀學》（中華書局，一九九二年）作「苟」，王氏書廣校衆本，未見異文。此或誤記。

佹詩五篇

「爰有大物，

指禮言之。案，此下五篇，皆首標「物」字，以指其事。物亦事也，無形有形，皆謂之物。爰，曰也，言有大物也。

非絲非帛，文理成章。

絲帛能成黼黻文章，禮亦然也。

非日非月，爲天下明。

禮之著明，如日月也。

生者以壽，死者以葬。

以，用也。言人之生死，皆得禮之用。

城郭以固，三軍以强。

言國之防守攻戰，亦因禮而爲用。

粹而王，駮而伯，無一焉而亡。

粹，全也。駮，雜也。伯，同「霸」。其義具見荀書《王霸篇》，篇首云：「故用國者，義立而王，信立而霸，權謀立而亡。」其結云：「故曰：『粹而王，駮而霸，無一而亡。』此之謂也。」蓋指王、霸二者，苟無其一，而徒務權謀，如縱横之術，去義與信，亦終必亡而已矣。舊注謂「無一賢人」，殊失其指意。《大略篇》：「君人者，隆禮尊賢而王，重法愛民而霸，好利多詐而危。」案，危即亡，其義益明。又《彊國篇》舊注：「粹，謂全用儒道。」其説近之。蓋儒言王道，秦貴霸功，故荀子入秦所見，乃意其無儒也。

張惠言曰：「荀子以禮爲教，『粹而王』三句領後三篇。」又曰：「禮以成治，知以行之，禮與知不平。」案，張説最得綱要，其云「不平」，意謂禮與知相輔而行，一定名，一虚位，本非平列。後三篇，指《雲》《蠶》《箴》而言。

臣愚不識，敢請之王。」

案，此即劉氏《文心》所云「荀結隱語」也。言禮之功用甚大，時人莫知，故假爲隱語以問於王。王，即荀子所謂「後王」，舊注以爲「先王」，不知荀所謂「後王」，乃其意中之「先王」，與孟子所稱「先王」同也。既求解於王，王因重演其義而告之，《知》《箴》二詩亦然。《雲》《蠶》則假弟子請於君子及占之五泰，皆用兩人問對之體，又《文心》所謂「述客主以首引」也。

王曰：「此夫文而不采者與？

與，同「歟」，下同。采，謂五彩，「文而不采」，言雖成文理而無采色可辨，與下句皆隱語。此下王爲解説，而姑致疑之詞。

簡然易知而致有理者與？

致，至也，極也。簡則易知，而極有條理。案，凡「文」與「理」，皆條理之義。

君子所敬而小人所不者與？

不，同「否」。君子隆禮由禮，而小人否之違之。

性不得則若禽獸，性得之則甚雅似者與？

「得之」、「不得」，皆謂禮。若，如也。雅，正也。似，猶如也。猶言得之正如此禮矣。易「如」爲「似」，以叶韻。

匹夫隆之則爲聖人，諸侯隆之則一四海者與？

隆，高也，盛也。隆禮，謂盛行禮也。言修身治國之道皆將繫於此。極言行禮之功効。

致明而約，甚順而體，請歸之禮。」

極明而簡約，言易知也。甚順而有體，言易行也。惟歸於禮乃合此義，此仍以王言終其詞而發其覆也。荀卿隆禮之旨，具見其凡。

禮。

荀子，禮家也。書中有《禮論》專篇，其它説禮之語，散見各篇者甚夥，此所謂「文名從禮」也。

案，此目上事也，如《禮記·文王世子》《樂記·子貢問樂》之比，下放此。

「皇天隆物，以示下民。

皇，大也。隆，與「降」同，古字或以「隆」爲「降」。物，指智而言。示，本作「施」〔一〕，俗音之誤；施，與也。

或厚或薄，常不齊均。

舊本「常」作「帝」，注誤以「天帝」説之，今據《藝文類聚》引訂。

桀紂以亂，湯武以賢。

言天降智以予下民，厚薄常不齊均，故有桀紂、湯武之異，而亂賢以分也。

湣湣淑淑，皇皇穆穆。

湣，濁。淑，清。皇，大。穆，細也。皆重言之，以狀智之清濁、大細也。

周流四海，曾不崇日。

周，徧也。崇，終也。崇日，猶終朝。言智慮流行四海，曾不終朝而徧也。

君子以脩，跖以穿室。

跖，古大盜之名。君子用智以修身，而盜用智以穿人室屋，明「不齊均」之意。

大參乎天，精微而無形。

言智慮之大，與天相參；而其精微又無形狀之可指。

行義以正，事業以成。

皆在智也。

可以禁暴、足窮，百姓待之而後泰寧。

暴者禁之，窮者足之。泰，適；寧，安也。言百姓待君子之智而後安。泰寧，本作「寧泰」，依舊注訂。

臣愚不識，願聞〔二〕其名。」

曰：

案，此處「曰」上無「王」字，「臣愚」云云，亦無請於王之事，蓋承前篇問答之體而省畧之。

「此夫安寬平而危險隘者邪？

處安則寬平，處危則險狹，言智常欲見利遠害也。邪，同「耶」，與前篇「與」字俱爲疑詞。

修潔之爲親，而雜汙之爲狄者邪？

親，近也。狄，讀爲「逖」；逖，遠也。此言智之爲德，近於修明潔浄，而遠於雜亂污穢也。

甚深藏而外勝敵者邪？

人藏智於身，若良賈之深藏若虛，而力足以勝其敵。

法舜禹〔三〕而能弇迹者邪？

弇，同「掩」，襲也。外以舜禹爲法，而襲其蹤跡，見智之大。

行爲動静，待之而後適者邪？

適，猶得也，又宜也。言待智而行，乃得其宜。

血氣之精也，志意之榮也？

精，靈。榮，華。皆得於智。

百姓待之而後寧也，天下待之而後平也？

與前問詞語意略同。平亦寧也。

案，上四句句末「也」字皆同「邪」，仍爲疑詞。

明達純粹而無疵，

明通純全而無疵病。案，「疵」、「知」爲韻，「疵」下本有「也」字，涉上而衍，今删。

夫是之謂君子之知。」

知，讀爲「智」。此論君子之智，明小人之智不然也。張惠言曰：「禮爲定名，知爲虚位，故别之以『君子之知』。」

知。

案，「知」即《荀子·正名篇》云：「所以知之在人者謂之知。知有所合謂之知。」句下兩「知」字皆讀爲「智」，此荀所謂「散名」也。

「有物於此，

指雲言之。

居則周静致下，動則綦高以鉅。

居，止也，謂雲物發在地時。周，密也。鉅，大也。綦，極也。雲升則高且大矣。

圓者中規，方者中矩。

言滿天地之圓方也。

大參天地，德厚堯禹。

雲能致雨，生成萬物，故以天地、堯禹爲比擬。

精微乎毫毛，而充盈乎大寓[四]。

寓，與「宇」同，覆也。即上句「參天地」意，雲之變化，或大或小，故再言之。

忽兮其極之遠也，攭兮其相逐而反也，

極，至也。忽，遠也。攭，讀「螺」，旋轉之貌。反，亦旋也。言雲氣所至之遠，又相逐而旋轉。

卬卬兮天下之咸蹇也。

卬卬，高貌。咸，皆也。蹇，讀爲「攓」，取也。雲行雨施，澤被天下，故天下皆有所取也。

德厚而不捐，五采備而成文。

捐，棄也。覆被萬物，皆無捐棄，承上文「天下有取」而言，兼狀雲之文采。

往來惛憊，通於大神。

惛，同「昏」，暗也；憊，困也。惛憊，猶言晦暝〔五〕，亦狀雲之詞也。通神，謂雲之變化不測。

出入甚極，莫知其門。

極，讀爲「亟」，急也，數也。門，謂所出入者，喻無有也。

天下失之則滅，得之則存。

滅，亡也。雲所以成雨，不可以亡之。

弟子不敏，此之願陳。

設爲弟子之問，不必荀卿自謂也。陳，列也，自謙云魯鈍，而列詞以請。

君子設辭，請測意之。」

君子者，成德之名，亦先生長者之稱。測，度也。意，亦度也，與「億」同，非「志意」之「意」。

此言雲之功德，惟君子乃能爲説以測度之。

曰：「此夫大而不塞者與？

雲氣無實，故曰「不塞」。塞，實也。案，以下君子測意之詞。

充盈大宇而不窕，入郄穴而不偪者與？

窕，寬也，間隙之稱；言充乎大宇而無間隙也。偪，不容也。郄，同「隙」，言入隙穴而曾無偪仄不容也。

行遠疾速而不可託訊，往來惛憊而不可爲固塞者與？

案，以句例求之，「託訊」下衍「者與」[六]二字，今删。「訊」字不入韻，與上文「窕」字同，或疑「迹」之形誤，未可定[七]。訊，問也。行遠而疾速，則無從致詰，所謂「不可託訊」也。固塞，當作「險固要塞」解。言其往來飄忽無常，未可據地以爲守也。舊注以爲「牢固蔽塞」之義，失之。

暴至殺傷而不億忌者與？

「億」、「忌」同義，皆訓疑。謂雲興則雷霆震怒殺傷萬物，曾無所疑也。

功被天下而不私置者與？

置，爲「德」之借字，當讀爲「德」，古書多通寫。言天下同被其功而無私德也，即《易·繫辭傳》「有功而不德」之意。

託地而游宇，友風而子雨。

風與雲並行，故曰「友」。雨因雲而生，故曰「子」。

冬日作寒，夏日作暑〔八〕。

廣大精神，請歸之雲。」

精神通於變化，惟雲乃可當之，其功足以潤萬物，人莫之知，故於此具明也。

雲。

《説文》云：「山川氣也。從雨，云〔九〕象雲回轉形。古文省雨。」張惠言曰：「《雲》以喻『粹而王』。」

「有物於此，

指蠶言之。

儽儽兮其狀，屢化如神。

儽，讀如「倮」，無毛羽之貌。屢化，謂「三俯三起」，以成蛹、蛾也。

功被天下，爲萬世文。

文，飾也。

禮樂以成，貴賤以分。

得蠶織以垂衣裳，所以成禮樂之治，而別貴賤等殺之制。

養老長幼，待之而後存。

言於老幼皆衣被之。

名號不美，與暴爲鄰。

蠶音近「殘」，「殘暴」爲不美之名，舊注取「蠶食」義，未諦，且失其旨矣。

功立而身廢，事成而家敗。

繭成而見殺，是身廢。絲窮而繭盡，是家敗。

棄其耆老，收其後世。

耆老，蛾也。後世，種也。

人屬所利，飛鳥所害。

人類則保存而利用之，飛鳥則傷害而啄食之。

臣愚而不識，請占之五泰。」

占，卜也，驗也。五泰，蓋神巫之名，與巫咸、巫陽同，舊注以爲少昊等五帝，誤也。

五泰占之曰：

「此夫身女好而頭馬首者與？

女好，柔婉之意。其頭昂然，又類馬首也。

屢化而不壽者與？善壯而拙老者與？

蠶、蛹、蛾之迭化，旬月間耳，壯則得養，老而見殺。

有父母而無牝牡者與？

爲蠶之時，未識牝牡，由蛾留種，以育成蠶，蛾則其父母也。

冬伏而夏游，食桑而吐絲，

游，疑「滋」字之誤。滋，生長也，與「絲」、「治」叶韻。

前亂而後治。

繭亂而絲治也。

夏生而惡暑，喜溼而惡雨。

生長於夏，先暑而化。溼，謂其種必浴，有似喜溼者，既生之後則惡雨也，明其性之異。

蛹以爲母，蛾以爲父。

互言之耳。

三俯三起，事乃大已。

俯，謂臥而不起，即眠也。言三眠三起之後，吐絲成繭，其事乃畢。

夫是之謂蠶理。」

案，「蠶理」與下篇「箴理」，皆謂其狀況耳，以「義理」、「條理」釋之，皆泥也。

蠶。

《說文》：「蠶，任絲也。從蚰，朁聲。」張惠言曰：「《蠶》以喻『駮而伯』。」又曰：「《蠶》《箴》言理，蠶名惡而理美，箴名美而理惡也。」

「有物於此，

指箴言之。

生於山阜，處於室堂〔一〇〕。

山阜，鐵所生也。箴，爲鐵所成，既成，則入人家爲用矣。

無知無巧，善治衣裳。

知，讀爲「智」。巧，工巧也。言無他妙巧。

不盜不竊，穿窬而行〔一一〕。

箴之連綴衣裳，其運行有如穿窬，而實非盜竊。

日夜合離，以成文章。

合離，謂使離者相合。文章，即黼黻，亦待其連綴而成。

以能合從，又善連衡。

從，讀如「縱」，豎也。衡，横也。此以喻戰國合縱連横之人。南北爲縱，東西爲横也。

下覆百姓，上飾帝王。

亦以喻縱横家反覆文飾之術，言箴之功用所及本廣也。

功業甚博，不見賢良。

雖其功業甚廣大，而未顯見其賢良之士，蓋深譏之。

時用則存，不用則亡。

雖順時行藏，而皆苟合當世，所謂「立談以取卿相」者比比也。其用舍行藏，殆不足言，明箴理，即以譏縱横。

臣愚不識，敢請之王。」

王曰：「此夫始生鉅，其成功小者邪？

爲鐵則鉅，爲箴則小也。

長其尾而鋭其剽者邪？

長其尾，謂線。剽，末也，謂箴之鋒。

頭銛達而尾趙繚者邪？

銛，同「鑯」，鋭也。達，滑利也。趙繚，即「搖掉」，線隨箴而搖曳也。

一往一來，結尾以爲事。

結其尾線，然後行箴。

無羽無翼，反覆甚極。

極，讀爲「亟」，急也。箴之運行，其狀況如此，以喻縱横者之反覆。

尾生而事起，尾邅而事已。

尾邅廻盤結，則箴功畢。

簪以爲父，管以爲母。

言此者，欲狀其形也。簪，當爲「鐕」，釘也。釘與箴，形質皆同，磨之琢之而後成箴。方其未成，則箴亦一鐕而已矣，故曰「簪以爲父」；管所以盛箴，故曰「爲母」。

既以縫表，又以連裏。

謂衣裳之表裏。

夫是之謂箴理。」

箴。

《説文》：「箴，綴衣箴也。」「鍼，所以縫也。」案，「箴」、「鍼」古通用，亦作「針」，後起俗字。張惠言曰：「《箴》以喻縱横之術雖濟一時，終亦必亡，申『無一焉而亡』也。」

案，荀卿深嫉當時游士，故揚抑其詞以寓風刺，尋繹本文，足明其旨。舊注謂「譏末世不修婦功」，何所見之固也。又，前篇《蠶》詩注，亦以爲「蠶之功至大，時人鮮知其本，故荀卿感而賦之」，不知戰國之俗雖敝，必無婦人休其蠶織之理，此未喻荀意在譏伯道之駁雜，而鄰乎殘暴，乃曲爲之説耳，因並著之。

天下不治，請陳《佹詩》。

張惠言曰：「《佹詩》指上五篇，非『天地易位』以下。」今從其説。

案，自楊倞、晁補之、朱熹以來，皆屬下文爲説，而以《賦》一篇爲《佹詩》矣。不知《禮》《知》《雲》《蠶》《箴》，皆題目上事，此二語亦結上文五篇之詞，不以爲發端也。漢以前人著書行文，每如此例，不得以後世文法求之。簡策猶或可尋，書卷易致淆混，漢師傳經，謹於章句，豈徒然哉？得張氏之言而此蔀始發，蓋篇名之失，非細事也，正名定義，有可論者。夫賦，本古詩之流，乃以「詩」爲大共名也，異名同實，詩亦賦耳。此五篇名爲「詩」，而究無害其爲「賦」之稱，統號之曰「賦」可也；析言之，則五篇自是荀卿所定《佹詩》之名，猶之《成相》號爲「雜辭」，《漢志》以入「雜賦」，而宜在荀賦十篇之中，亦無可疑者。〇又案，《禮記·學記》曰：「不學博依，不能安詩。」鄭注云：「博依，廣譬喻也。依，或爲『衣』。」案，《白虎通·衣裳篇》《廣雅·釋器》皆云：「衣者隱也。」足申鄭君「博衣」即「隱語」之義，此殆荀卿《佹詩》之所爲作乎？《漢志》「雜賦」有「《隱書》十八篇」，顔師古引劉向《别録》云：「隱〔二〕其言以相問對者，以慮思之，可以無不諭。」荀之《佹詩》殆其類。佹者，變異之名，與恑變之義同；《説文》：「恑，變也。」亦即常用之「詭」字。《文心·諧隱篇》云：「魏代以來，……嘲隱化爲謎語。謎也者，回互其詞〔三〕，使昏迷也。……荀卿《蠶》賦，已兆其體。」劉氏之釋，可謂洞見源流。按其實五詩皆謎語，不獨一《蠶》，劉特舉其著者言之耳。張氏《賦鈔》評語深得荀旨，蓋所謂「天下不治」者，荀卿胥於五篇陳之。王伯可以爲治，縱横卒召危亡，而必以禮爲宗，以知行之。惟其不治，所以開陳治道，而禮實爲之樞紐。於是寓物諧隱，以致其風諭之義，而治亂之原，昭然若揭矣。〇又案，舊注云：「荀卿請陳佹異激切之詩，言『天下不治』之意。」此指「天地易位」以下而言。朱注亦仍其説，但加「『佹』與『詭』同」四字，乃未曉所謂佹異、佹變者，實爲《禮》《知》等五篇，可謂失之眉睫矣。試問「天地」賦中所云有何佹異，若言激切，則或近之，非所語於《佹詩》也。而《佹詩》之取義，在變易隱約其詞，故謂之佹，尋其詞旨，何激切之有乎？一失其義，則牽强附會之説起，而篇名貿亂，沿誤千年未正，爲可怪也！

〔一〕《讀書雜志·荀子弟八》：「今本『施』作『示』，『常』作『帝』，則義不可通，《藝文類聚·人部五》引此正作『皇天隆物，以施下民。或厚或薄，常不齊均。』」

〔二〕聞，國家圖書館藏宋刻本、《古逸叢書》影宋台州本、宋紹熙間建刊本《纂圖分門類題註荀子》、宋刻元明遞修《纂圖互注荀子》本、明世德堂本、王先謙《荀子集解》本皆作「問」。《藝文類聚》（上海古籍出版社汪紹楹校訂本，一九八五年）卷二十一《人部五・智》引作「臣愚弗識，願聞其名」，席先生或據此。

〔三〕舜禹，國家圖書館藏宋刻本、《古逸叢書》影宋台州本、宋紹熙間建刊本《纂圖分門類題註荀子》、宋刻元明遞修《纂圖互注荀子》本、明世德堂本、王先謙《荀子集解》本及《藝文類聚》所引皆作「禹舜」。今案，以《荀子集解》本爲據，荀書「舜禹」凡十見，「禹舜」則僅此一例。《不苟篇》「言己之光美，擬於舜禹，參於天地」、《非十二子篇》「上則法舜禹之制」，其義並與此篇「法舜禹」相通。席先生或據詞例校之。

〔四〕充盈乎大寓，國家圖書館藏宋刻本、《古逸叢書》影宋台州本、明世德堂本作「盈大乎寓宙」，謝墉校刻本、王先謙《荀子集解》本作「大盈乎大寓」，宋紹熙間建刊本《纂圖分門類題註荀子》、宋刻元明遞修本《纂圖互注荀子》作「充盈乎大寓」，《藝文類聚・天部上・雲》引作「充盈于天宇」。此蓋參王念孫《讀書雜志・荀子弟八》及《讀書雜志・荀子補遺》之説。

〔五〕晦暝，原作「晦瞑」，恐係筆誤，今據國家圖書館藏宋刻本訂。

〔六〕者與，原作「者曰」，依文意當爲「者與」。王念孫《讀書雜志·荀子弟八》：「『訊』下『者與』二字，蓋因上下文而衍。」

〔七〕劉師培《荀子補釋》（《劉申叔遺書》本，江蘇古籍出版社，一九九七年）：「案『訊』當作『跡』，篆文『跡』字從『谻』，與隸文『訊』字略近，故爾致訛。『跡』與『塞』『偪』均叶韻。」今按，《説文》有「迹」無「跡」。

〔八〕「冬日作寒，夏日作暑」八字原缺，未注明爲衍文，恐係誤脱，今仍據《荀子集解》本補。

〔九〕云，原作「雲」，並屬上讀，當係筆誤，今據《説文解字》訂。

〔一〇〕室堂，原作堂室，參校各本均作「室堂」。恐係筆誤，今據參校各本改。

〔一一〕而行，原作「以行」，恐係筆誤，今據國家圖書館藏宋刻本訂。

〔一二〕點校本《漢書》（中華書局，一九六二年）「隱」作「疑」，斷句亦異：「隱書者，疑其言以相問，對者以慮思之，可以無不諭。」

〔一三〕回互，原作「回護」，恐係筆誤，今據《文心雕龍》訂。

荀卿賦定本校箋卷二

席啓駉學

成相雜辭四篇

舊注云:「雜論君臣治亂之事,以自見其意,故下云:『託於成相以喻意。』《漢書·藝文志》謂之『成相雜辭』,蓋亦賦之流也。」又云:「舊第八(謂劉向校定目),今以是荀卿雜語,故降在下。」(案,楊倞新定目在弟廿五。)

案,《漢志》雜賦十二家有「《成相雜辭》十一篇」,知古代有此一體,而作者非獨荀卿矣。楊倞此篇解題引《漢志》爲説,是也。其言《成相》亦賦之流,尤爲有見。案,《説文·氏部》引揚雄賦:「響若氏隤。」蓋《解嘲》古亦謂之賦,則《成相辭》之爲賦,豈有疑乎?推尋班氏裁篇别出之意,荀此篇可互見於《雜辭》十一篇之中,而《藝文類聚》八十九引《成相篇》曰:「莊子貴支離,悲木槿。」注云:「《成相》出《淮南子》。」蓋其僅存者,此外無所考見。淮南亦承荀之體式而作者,或亦在《漢志》著録十一篇之中耶?要之,荀詞雖自己出,其《成相》聲調句式,則閭里已具,從可知也。今依《漢志》,標題「雜辭」云。

朱熹《楚詞後語》本篇序云:「相者助也,舉重勸力之歌,《史》所謂『五羖大夫死,而舂者不相杵』也。」〔一〕王應麟《漢志考證》取其説。案，「相」爲送杵之聲，古勞役之事，必爲歌謳，所謂「勞者歌其事」也。鄭君注《曲禮》「舂不相」云：「相，謂以音聲相勸。」是也。蓋其樂曲，則謂之「相」。「成相」者，「成」即「打」字，古「成」字從丁，丁，當也。俗語以「打人」爲「丁人」，是其證。今俗言「打連相」，即此「成相」矣。審此篇音節，確爲後世彈詞之祖，蓋借舊有聲調，以别造新詞，而舊注多未析，由不諳《成相》之爲聲調譜也。顧時人亦多忽之，乃以六朝隋唐間佛徒宣唱之曲，號爲「變文」，謂即彈詞之所自昉，共相驚詫，毋亦數典而忘，輕其家鷄者類歟？談民間文學者宜知之。且此篇七言句最夥，與荆軻《送别》，其七言之始乎？其風開於戰國，至楚漢而《垓下》《大風》《瓠子》之等，見於帝王之製矣。（《楚詞·招魂》《大招》多四言，去「些」、「只」助語，合兩句讀之，即成七言。以上略本錢大昕《養新録》説。）《漢書·李陵傳》置酒起舞作歌〔二〕，仍是七言，初非五字。則河梁唱和，可決其爲依託也。又兩漢小學諸篇，如《凡將》《急就》，雖屬雜字歌括，而竟體皆七言。然則七言體式之成，在五言詩之前，似無可疑，特其演進爲詩之定體，則在後耳。治古代文學而談五七言流變者，亦宜知之也。

《楚詞辯證》云：「晁氏（《後語》）所取，如荀卿子諸賦皆高古，而《成相》之篇，本擬工誦箴諫之詞，其言姦臣蔽主擅權，馴致移國之禍，千古一轍，可爲流涕。」又《楚詞後語》本篇序，畧云：「（此篇）雜陳古今治亂興亡之效，託聲詩〔三〕以風時君，若將以爲工師之誦、旅賁之規者，其尊主愛民之意亦深切矣。」郝懿行《與王引之論孫卿書》，畧云：「本圖依託春申，行其所學，迨春申亡而蘭陵歸，知道不行，發憤著書，其旨歸盡在《成相》一篇，而託之瞽矇之詞，以避患也。」案，《漢書・藝文志》云：「大儒孫卿及楚臣屈原，離讒憂國，皆作賦以風（讀曰「諷」）。咸有惻隱古詩之義。」朱、郝申説，最爲得之，因並録焉。

今定《成相》篇、章、句例及用韻例如左：

一　凡每篇之首，必有「請成相」一句。每章四句，都二十四字，疊三字句，一七字句，一十一字句，（上四，下三、四字逗，非句。）共爲一章，爲正例。其十一字句者，或上八下三，或上六下五，或上四下七，（各見本篇，不具舉。）爲變例。（觀變例，正可推知其爲十一字句，蓋緣聲調有所局限，而一句之中，可隨語意而變也。）

一　用韻例。案，全篇與《詩》三百篇中韻同。凡每章四句，每句有韻，首句必入韻，無變例。最後一句實十一字，故四字逗處不韻。列式如左。

三字句起韻，三字句接韻，七字句接韻，十一字句（中逗）接韻。

據例校讀，於失韻之句、奪衍之文，可以立辨。具見本篇，兼參箋例。

請成相，

舊注以爲「請言成相之詞」，説者又以爲「請成此曲」，皆未得其解。案，發端一句，即打連相首唱之詞也，篇首皆然。

世之殃，

殃，禍也。

愚闇愚闇墮賢良。

闇，同「暗」。重言「愚闇」者，即第六章「愚以重愚闇以重闇」之意。墮，毁也。此蓋就人君言之，如紂刳比干、囚箕子，楚懷王疏屈原，是也。

人主無賢，如瞽無相，何倀倀！

盲瞽之人，必有相導之者。倀倀，無所往貌。以喻人君不可無賢輔。

請布基，

布，猶陳也。基，本也。以堂基爲喻，故請陳其本。

慎聖人，

慎，誠也。「聖」與「聽」音近而訛，字當爲「聽」。言其本必在專誠信任賢人，即任賢勿疑之謂。或疑「人」字不入韻者。案，古韻脂、真兩部通轉，是其證。

愚而自專事不治。

此指人主言之。若不求賢以自輔，則必好自用，而萬事叢脞矣。

主忌苟勝，羣臣莫諫，必逢災。

主既猜忌，又苟欲勝人，則是阻塞言路。逢災，即下文所引商紂之事。

論臣過，

反其施。

施，宜也，古讀如「莎」。謂反其所宜。

尊主安國尚賢義。

此爲臣道所宜，反之則爲過矣。尚，與「上」同，以賢義爲上也。義，古讀如「俄」。

拒諫飾非，愚而上同，國必禍。

此亦就臣道言之，若拒諫飾非，以愚闇之性，苟合於上，則國必受其災禍。

曷謂「罷」？

罷，讀曰「疲」，謂輭弱無能，即不賢之人也。

國多私。

其不任事，由於多私。二句乃假設問答以明之，下章同。

比周還主黨與施。

還，讀爲「營」，謂朋黨比周以營惑其主也。施，張也，張大之意。

遠賢近讒，忠臣蔽塞，主執移。

賢人疏遠，而讒人用事，能使忠臣蔽塞不通，則權在彼而不在君，此主勢所以移於下也。執，古「勢」字，荀書皆然。

曷謂「賢」？

「賢」、「罷」，對舉之詞。「賢」、「能」，亦對舉，荀書多有之。

明君臣。

能明君臣之道，則爲賢臣也。

上能尊主下愛民。

荀書《不苟》《臣道》兩篇並云：「上則能尊君，下則能愛民。」可以取證此句之義。舊本「下愛」二字誤倒，今乙轉。

主誠聽之，天下爲一海内賓。

誠聽之，即上所謂「慎聽人」也。賓，服也。專任賢臣之效如此。案，此上四字、下七字句變例。

主之孽，

孽，災也。

讒人達，

達，通利也。讒人利，則主災矣。

賢人〔四〕遁逃國乃蹶。

蹶，顛覆也。

愚以重愚闇以重闇，成爲桀。

久而愚闇更甚，謂賢者隱而不出，遂至於桀之無道也。極言人君之禍。案，此上八字、下三字句變例。

世之災，

此下舉商紂事以明之。

妬賢能，

妬，嫉也。能，古讀「泥」。

飛廉知政任惡來。

《史記·秦本紀》：「惡來有力，飛廉善走，父子俱以材力事紂。」〔五〕惡來，飛廉之子，秦之先也。

卑其志意，大其園囿，高其臺。

此言紂無遠慮，當高者反卑，而當卑者反高大也。

武王怒，

於是武王一怒，而率諸侯伐紂。

師牧野，

師，陳列其衆也。野，古讀如「宇」。鄭玄《書·牧誓》注：「牧野，紂南郊地名。」〔六〕

紂卒易鄉啓乃下。

鄉，讀爲「向」。易鄉，回面也。紂卒雖衆，無戰之心，皆倒戈以開武王。啓，微子名，紂之兄。下，降也，古讀如「户」。

武王善之，封之於宋，立其祖。

武王受微子之降，乃封之於宋，而立其宗廟。祖，始廟也。

世之衰，

謂值愚闇暴虐之君，則世道衰微。

讒人歸，

讒臣得以歸從趨附矣。

比干見刳箕子累。

刳，剖也。紂剖比干之心而觀之。累，讀爲「縲」，繩索也。言囚繫箕子。

武王誅之，吕尚招麾，殷民懷。

武王誅紂，遂釋箕子之囚，封比干之墓。吕尚，齊太公望也，爲周文、武師，號「師尚父」，修周政，與天下更始，其謀居多。招麾，指揮也。懷，歸也。指揮而殷民歸之，蓋懷來安集之意。

世之禍，

惡賢士，

禍患之起，由於惡賢。

子胥見殺百里徙。

子胥，吴大夫伍員字〔七〕也，爲吴王夫差所殺。百里奚，虞公之臣。徙，遷也。虞爲晉滅，爲俘虜而遷於秦。案，《史記·秦本紀》：「晉獻公滅虞、虢，虜虞君與其大夫百里傒，……既虜百里傒，以爲秦穆公夫人媵於秦。」〔八〕《晉世家》所載亦同。《左·僖五年傳》《孟子·萬章篇》與此異。

穆公任之，强配五伯，六卿施。

秦穆公得百里奚任用之，而其國强大，名在五伯之列。伯，讀曰「霸」。施，設也；六卿施，言僭置天子之官，而備設六卿也。

世之愚，

惡大儒，

言世愚之所由。案，荀卿以周公、孔子爲大儒，見《儒效篇》。此蓋隱以自況。

逆斥不通孔子拘。

承上「大儒」言。逆拒而斥逐之，不使通也。孔子畏匡厄陳，所謂「拘」也。

展禽三絀，春申道綴，基畢輸。

展禽名獲，字子禽，魯大夫無駭之後，居於柳下，謚曰「惠」。三絀，謂爲士師三見絀也。春申，楚相黄歇封爲春申君。綴，與「輟」同，止也。畢，盡也。輸，墮也。此蓋荀卿自道之詞。荀本受知春申，爲蘭陵令，蓋即借以行道，及春申君亡，則吾道益窮，而所布陳設施之基業盡墮壞矣。〇劉師培《荀子補釋》云：「春申，當作『魯申』，『春』、『魯』二字篆文相似而訛。《左傳·定四年》『晉重、魯申』，『魯申』即魯僖公也。荀傳《左氏》，故人名亦多從《左氏》之稱，此承上文『展禽』言。展禽與魯僖公同時，荀意蓋言魯爲周公之後，又爲儒術之所及，魯不用展禽，故道綴〔一九〕而基輸，言儒術至僖公而止，周公之基業，至僖公而竟墮也。昔孔子以臧孫下展禽爲不仁，蓋儒家所持之論，以展禽之用舍，判儒術之廢興，故荀卿以展禽三絀刺僖公也。」案，劉君改字説之，殊爲條貫，亦有特識。然未敢據爲定論，附存以備異義。

請牧基，

牧，治也。請言爲治之本。

賢者思？

賢者能思吾言乎？

堯在萬世如見之。

此言賢者能思吾言，則堯雖在萬世之上而可見，猶「堯羹舜牆」之意。

讒人罔極，險陂傾側，此之疑。

陂，與「詖」同。彼讒人無有窮盡，徒爲險陂傾側之行，雖聞吾言，猶疑而不信也。與前句語意反復相明。

基必施，

施，張也。

辨賢罷，

罷，讀「疲」。言必欲張大基業，當先辨别賢與罷也。

文武之道同伏戲。

伏戲，即「伏羲」，古三皇。此言周文王、武王之道，與伏羲無異。

由之者治，不由者亂，何疑爲？

言古今一理，順之者治，逆之者亂，無可疑也。此章申上章未盡之義。

右第一篇《墮賢良》，共爲十三章。

請成相，

舊本「請」作「凡」，傳寫之誤。今依篇例訂。

辨法方，

辨，别也。「法」、「方」同義。

至治之極復後王。

案，舊注於荀書所言「後王」，概以「近時、當世之王」説之，未達其旨。余别有《荀子「法後王」義》一文詳之。蓋荀「法後王」，即孔子「從周」之意，實指周文、武而言。此云「至治之極復後王」者，欲治之臻於郅盛，惟有復周初文、武之法耳。復者，反也，反於周道也。《楚詞後語》朱注此篇，亦從楊氏説爲「當時之王，謂當自立，復爲一王之法，不必事事泥古」。雖言之成理，而釋「復」字之義，終嫌牽强，由不明荀子所指「後王」之爲何也。前章「文武之道同伏戲」云云，所謂「欲知上世，則審周道」也，然則荀意中之「後王」，居然可知矣。

慎墨魏惠，百家之説，誠不詳。

舊本此句「慎」字上有「復」字，涉上文「復後王」而衍，非本文，今删〔一〇〕。「魏」本作「季」，乃字之訛，傳寫殘其半耳，今訂。慎到、墨翟、魏牟、惠施四家並言，具見《非十二子篇》。此言四子及百家好爲異説也，其實四子自括百家之中。自唐以來傳寫訛「魏」爲「季」，而説者紛紛，目爲犀首或季梁矣。詳，審也，周徧之意。不詳，謂得道之一隅也。「詳」或爲「祥」，善也。亦通。

治復一，

治道復於周文、武，是之謂「一」。

修之吉，

修明之則吉。

君子執之心如結。

執守而行之，必堅固而不解，此《詩·尸鳩》之義也。

衆人貳之，讒夫弃之，形是詰。

舊注：「形，當爲『刑』。」是也。「形」與「刑」古字通。朱注：「貳之，不一也。弃之，不由也。如此之人，皆當以刑詰之。」其解最爲明白。案，詰，治也，謂以刑法治之。

水至平，

至，極也。

端不傾，

端，直也。傾，側也。正直不傾側，所以爲平也。

心術如此象聖人。

聖人心平如水。案，其義具見荀書《解蔽篇》。

人而有埶，直而用抴，必參天。

舊注：「『而有埶』上疑脱一字。」案，當爲「人」字，蓋與上句「聖人」「人」字相涉而誤脱也，今補。舊注：「言既得權埶，則度己以繩，接人用枻，功業必參天也。」案，荀書《非相篇》云：「君子之度己則以〔二〕繩，接人則用枻。」枻，檠也，正弓弩之器。此荀子絜矩之道也。直即繩，故楊氏引「度己」以釋之，是也。

世無王，

窮賢良，

無王者興起，則賢良窮困。

暴人芻豢仁糟糠。

舊本「仁」下衍「人」字，今依句例删〔三〕。此「仁」、「暴」對舉也。仁，即仁人。一飽欲死，一餓欲死耳。

禮樂滅息，聖人隱伏，墨術行。

禮樂不作，聖人不出，而墨道大行矣。墨非儒，儒亦非墨。

治之經，

經，亦道也。爲治之道。

禮與刑，

惟此二者而已。

君子以脩百姓寧。

上脩禮刑，則下賴之而安。

明德慎罰，國家既治，四海平。

德，禮也。罰，刑也。明而審之，治平之效可覩。

治之志，

後埶富，

爲治之意，後權勢與富者，則公道行而貨賂息。

君子誠之好以待。

必誠此意，好以待用也。好，善也。善藏以俟時之見用耳。

處之敦固，有深藏之，能遠思。

敦，厚也。有，讀爲「又」。言處之厚固，又能深藏，則能遠慮也。

思乃精，

乃，猶「若」也。

志之榮〔一三〕，

惟其思精，然後志榮。

好而壹之神以成。

好而不二，則通於神明。

精神相及，一而不貳，爲聖人。

舊本「及」作「反」，字之誤也，今訂。相及，即「一而不貳」〔一四〕也。一，同「壹」。案，義具見荀書《解蔽篇》。

治之道，

美不老，

老者，衰退之象，《莊子》曰：「佚我以老。」蓋老則思佚，言爲治當日新，以不休息爲美也。或亦「美成在久」之意乎？

君子由之佼以好。

佼，亦好也，音絞。循此治道，自然佼好，更無老息之時，喻前進也。

下以教誨子弟，上以事祖考。

待下以仁，事親以孝。此「考」謂父，非既死之稱，「祖」則連言之。案，此上六字、下五字〔一五〕句變例。

成相竭，

此謂曲調具有定式。竭，盡也，言爲定式所拘而竭盡。

辭不蹷，

蹷，顛蹶，亦竭也。曲式有定，而詞說無窮竭也。長言嗟歎之意。舊注不明《成相》之爲聲調譜，故説之不憭。

君子道之順以達。

道，行也。承上章言。君子能行此言，則順利矣。

宗其賢良，辨其殃孽，□□□。

宗，尊也。言賢良之人，宜居以尊顯之位，而禍國殃民之人，當有以辨别之云云。「孽」下依句例尚缺三字，無可補，「□」以識之，下放此。

右第二篇《辨法方》，共爲九章。

請成相，

道聖王，

道，説也。前意未盡，故再論説之，所謂「辭不蹷」〔一六〕也。

堯舜尚賢身辭讓，

堯舜以賢爲上，而躬爲辭讓之事。

許由善卷，重義輕利，行顯明。

卷，音拳。言二人之行甚著明也。凡此讓王之傳説，雖見故書，今略之不注。

堯讓賢，

以爲民，

見以天下爲公，不私其子之意。

氾利兼愛德施均。

氾，同「汎」，普也。普而利之，兼而愛之，德所施行，無不均平者。

辨治上下，貴賤有等，明君臣。

辨，亦治也。有等，見禮之秩序。明君臣，即「尊主愛民」之意。

堯授能，

舜遇時，

適遇堯之時也。

尚賢推德天下治。

「授能」、「尚賢」、「推德」，皆指堯舜之爲治。

雖有聖賢〔二七〕**，適不遇世，孰知之？**

生不逢時，誰知之者？荀卿蓋以自歎。

堯不德，

不自以爲德也。

舜不辭，

皆歸至公，無所容其辭。

妻以二女任以事。

堯以二女爲舜妻，所謂「觀厥刑於二女」也。任以事者，治國事也。

大人哉舜！南面而立，萬物備。

大人，贊舜之詞。舜委任羣下，無爲而治，恭己南面，而萬事完具矣。

舜授禹，

以天下，

猶言「舜以天下授禹」也。此倒文合韻。

尚德推賢不失序。

舊本「德」作「得」。案，德者，得也。古書多通寫，今訂。承前章「尚」、「推」言，不失其次序也。

外不避仇，内不阿親，賢者予。

此「外舉不避仇，内舉不避親」之義。阿，私也。予，與也。惟賢是與，即「授能」也。

禹勞力，

舊本「力」上衍「心」字，依句例删，「力」、「德」爲韻故也。

堯有德，

或疑序禹不得在堯上，而「舉舜」云云，又爲堯事，文有倒誤。案，不必然。「禹」承前爲言，遂帶敘堯事耳。

干戈不用三苗服。

三苗，國名。據《書·皋陶謨》有「苗頑勿即工」〔一八〕之語，蓋終禹之世，僅乃克之，堯不及見苗之服也。「七旬〔一九〕有苗格」乃僞古文《大禹謨》誇飾之詞，敘在舜時，未足信，知此句亦言禹事矣。荀於堯禹事，蓋參敘之，「干戈」句指禹，「舉舜」句指堯也。

舉舜甽畝，任之天下，身休息。

甽，與「畎」同。

得后稷，

后稷，名棄，稷爲官名。

五穀殖。

殖，生長也。

夔爲樂正〔二〇〕鳥獸服。

樂正，官名。夔典樂，謂「擊石拊石，百獸率舞」、「笙鏞以間，鳥獸蹡蹡」也，見《書·益稷》。

契爲司徒，民知孝弟，尊有德。

司徒，官名。敷布五教，孝弟在其中。知孝弟，則知尊重有德之人矣。

禹有功，

抑下鴻，

抑，遏止也。下，謂治水使逿下也。鴻，即「洪」，亦作「洚」，大水也。

辟除民害逐共工。

共，音恭。《尚書》載舜流共工於幽州，舊注云「未詳」，蓋疑非禹事也。郝懿行曰：「共工，主水土之官。禹抑鴻水，故假言逐之，非實事。」案，辟，闢也，闢除之。

北決九河，通十二渚，疏三江。

決，去其壅塞也。疏，分也，亦通也。「九河」之名多異，「三江」之説尤歧，不復煩爲注釋。十二渚，舊注亦云「未詳」。郝懿行曰：「通十二渚，即『肇十二州』也（案見《周禮·職方》）〔二〕。小州爲渚，故假『渚』〔三〕言之。」案，郝君兩説，雖屬假設之詞，可以存參。

禹傅〔三〕土，

傅，讀爲「敷」，布也。洪水泛溢，禹分布治九州之土也。

平天下，

水土皆得平治。

躬親爲民行勞苦。

謂禹身所行勞苦，皆爲民也。指上平水土事。

得益、皋陶，横革、直成，□爲□輔。

益、皋陶，見《尚書》。《吕氏春秋·求人篇》云：「得陶、化益、真窺、横革、之交五人佐禹，故功績銘乎金石，著於盤盂。」案，陶即皋陶，化益即伯益，真窺即直成，並横革、之交二人，皆禹輔佐之名，取證此句，確然無疑。惟荀僅舉四人耳。舊注未詳横革、直成，而引韓侍郎（愈）云：「横而不順理者革之，直者成之。」夫不察知其爲人名，而竟望文生義，雖韓公不免矣。〇又案，依句例，當脱一字，或在「爲」字上，或在「爲」字下，疑所脱「爲」上當是「以」字，「爲」下則是「之」字也。未欲輒補，仍於上下旁作「□」識之。

契玄王，

《詩·商頌·長發篇》傳云：「玄王，契也。」案，爲堯司徒，姓子氏。《玄鳥篇》曰：「天命玄鳥，降而生商。」依《毛傳》〔二四〕，契母簡狄，蓋以玄鳥（燕也）至日，祈禱於郊禖祈子之宫而生契。鄭玄注《禮記·月令》云：「玄鳥遺卵，娀簡吞之而生契，後世以爲禖宫嘉祥而立其祠焉〔二五〕。」案，鄭注乃今文家感生帝之説。

生昭明，

契子也。

居於砥石遷於商，

契初居砥石，即砥柱。至孫相土乃遷商。即商邱。

十有四世，乃有天乙，是成湯。

自契至湯十四世，其名見《史記·殷本紀》。

天乙湯，

乙，湯名或字也。曰天乙者，殷人尊稱之詞。

論舉當，

言湯所論定選舉之人，無不適當者。當，叶平聲。

身讓卞隨與牟光。

牟，或作「務」。讓王事見《莊子》，謂二人不受，皆投水死，蓋寓言也。舊本「與」作「舉」，古字每通用，今定作「與」。

□□□□，道古聖賢〔二六〕，基必張。

道，行也。言能行古聖賢之事，則基業必張大。依句例，句上缺四字。

願陳辭，

依句例，此下當缺一三字句。其語意無由明之。

□□□，

世亂惡善不此治。

世亂則爲善反見憎惡，不知革治此弊也。

隱過疾賢，長用姦詐，鮮無災。

舊注：「隱諱過惡，疾害賢良，長用姦詐，少無災也。」傳刻本「過」作「諱」，「長」作「良」，「用」

作「由」，皆誤〔二七〕。今依注文訂。

患難哉，

哉，始也。猶言患難所從生。

阪爲之，

阪，與「反」同。舊本「之」作「先」，注以「先聖」説之。案，「先」字不叶韻，當爲「之」字之誤，今訂〔二八〕。

聖知不用愚者謀。

此言爲治者當進用聖智而退愚闇，今不用聖智而用愚，是反爲之也。謀，古讀如「縻」。

前車已覆，後未知更，何覺時？

後，後車也。更，改也，謂改轍。言前事不忘，後事之師，車已覆矣，其戒如此之明，而猶不覺悟，豈復有覺悟時乎？

不覺悟，

不知苦，

無覺悟之人，不自知其苦。

迷惑失指易上下。

迷惑，即不覺悟之謂。指，趣向也。指趣失，則上下易位矣。顛倒錯亂之意。下，古讀如「户」。

忠不上達，蒙揜耳目，塞門户。

蒙，覆也。揜，同「掩」。言忠誠之士不能上達，則覆掩蔽塞之過。

門户塞，

大迷惑，

塞則其迷加深。

悖亂昏莫不終極。

莫，冥寞，言闇也。終，竟；極，盡也。不終極，言其禍無已時。

是非反易，比周欺上，惡正直。

反易，猶淆亂。言是非不明，徒有比附周密以欺其上，憎惡正直之人。

正直惡，

心無度，

正直是惡，則心無尺度，不知長短。

邪枉辟回失道途。

邪、枉，皆曲也。辟，讀爲「僻」。回，亦邪也。失道途，言失其所向，即「失指」之意。

己無郵人，我獨自美，豈無故？

「郵」、「尤」古通，過也。我豈可尤責他人之過，而獨自以爲美乎？言必有事故，當自省戒。

舊本「豈」下衍一「獨」字，今删。

不知戒，

後必有，

有，讀曰「又」，古音「戒」。言如其不戒，後必又犯之，所謂「貳過」也。

恨復遂過不肯悔。

舊本「復」作「後」，涉上而誤，今訂。恨，與「很」同，違也，鬥很之意。復，與「愎」同，亦很也。遂，成就也。言很愎不從諫，以成其過，所謂「見過不更，聞諫愈甚」也。不肯悔，不覺悟其前非也。

讒夫多進，反覆言語，生詐態。

讒人進用，則言語反覆，上之諸弊叢生矣。「態」字常訓姿態〔二九〕，此當讀爲「姦慝」之「慝」，惡也。詐、惡皆爲弊。

人之態，

不知備，

知，本作「如」，依舊注訂作「知」。言讒人爲詐慝者，在上者不知預爲之防備。

争寵嫉貴相惡忌。

舊本「貴」作「賢」，涉下而誤〔三〇〕。相，本作「利」，與「上」、「下」二字義不相屬，今俱訂〔三一〕。言與人争在上者之寵愛，又必嫉妬貴於我者，則兩相惡矣。

妬功毀賢，下斂黨與，上蔽匿。

妬忌有功之人，毀壞賢知之士，下聚黨與而蒙蔽其上。匿，藏也。

上壅蔽，

「壅」、「蔽」同義。亦即「上蔽匿」意。

失輔勢〔三〕，

失輔佐之臣，則權勢不在上。

任用讒夫不能制。

始以讒人爲可任，而已失勢，遂不能制服之。下句舉事明之。

郭公長父之難，厲王流於彘。

舊注：「孰，或爲『郭』。」今從或本。「郭」、「虢」古字通，即《吕氏春秋》之「虢公長父」也，事見《當染篇》。郭公，周厲王之嬖臣。流，竄也。彘，地名。案，此上六、下五字句變例。

周幽厲，

二王無道，名之曰「幽」、「厲」，百世不能改，謂得此惡謚也。幽，厲王孫。

所以敗，

不聽規諫忠是害。

拒諫而賊害忠良，此二王禍敗之由。

嗟我何人，獨不遇時，當亂世！

生當亂世，又不逢時，自古而然，何獨我耶？嗟歎之深，姑自慰勉之詞也。

欲對衷，

舊本「對衷」誤倒，於韻不叶，今訂。《爾雅》：「對，遂也。」成就之意。二字音近，以聲相訓。

衷，中也。言欲遂其衷忱。

言不從，

而無如言之不從也。

恐爲子胥身離凶。

惟恐爲子胥之忠，而親遇其凶咎也。離，與「罹」同，遭逢也。

進諫不聽，剄而獨鹿，棄之江。

獨鹿，與「屬鏤」同，吴王夫差賜子胥之劍名也。曰：「子以此死。」剄，以刀割頸也。子胥既自割死，吴王乃取其尸，盛之鴟夷革，浮之江中，事具《史記·伍子胥傳》。而，猶「以」也。以獨鹿殺之。

觀往事，

以自戒，

治亂是非亦可識。

荀卿鑒往古以自警戒，而治亂之原，亦可以志矣。識，讀曰「志」，記也。

□□□□，託於成相，以喻意。

寄詞於曲調，以曉達其心意也。依句例，上缺四字。

右第三篇《道聖王》，共爲廿二章。

請成相，

言治方，

言爲治之方術。

君論有五約以明。

論爲君之道有五，甚簡約明白，謂：「臣下職」，一也；「君法明」，二也；「刑稱陳」，三也；「言有節」，四也；「上通利」，五也。

君謹守之，下皆平正，國乃昌。

人主謹守此五論，則臣下皆平正，而國勢乃昌盛矣。

臣下職，

莫游食，

游食，謂不勤於所事，但游手素餐也。

務本節用財無極。

本，指農桑，當以爲先務之急。務，事也。無極，不盡也。節用，則財無空乏。

事業聽上，莫得相使，一民力。

所興事業皆聽於上，羣下不得擅相役使，則民力專一而不分散矣。此大一統之効。

守其職，

足衣食，

民不失其職分，則衣食自然充足。

厚薄有等明爵服。

有等則易分别，所以明禮之秩序。爵，官爵。服，衣裳車馬之屬。

利惟卬上，莫得擅與，孰私得？

卬，與「仰」同。利惟仰於上，莫得擅爲付與，誰可以市惠者？句末之「得」，即「德」字，猶恩惠也。言公利則無私自爲德者矣。舊本「惟」作「往」，文義不順，當爲「隹」，古金文「惟」字多如此作。與「往」字相似而誤，今訂〔三〕。

君法明，

論有常，

君法所以明者，在言論之有常，不二三也，猶今言「原則」矣。

表儀既設民知方。

表儀，猶標準也。標準已立，民知其方。方，亦常也。

進退有律，莫得貴賤，孰私王？

進人退人皆以法律，臣人不得以意爲貴賤。私王，猶自尊也。誰有能自尊貴者乎？舊注謂「私佞於王」，失之。

君法儀，

儀，猶式也。

禁不爲，

禁不爲者，法式之所禁，則民不爲也。

莫不說教名不移。

說，與「悦」同。民皆悦上之教，而善名不移也。

修之者榮，離之者辱，孰師它？

「師它」二字舊本誤倒，不叶韻，今乙轉。它，與「他」同。離，貳也。皆指法言，亦即教與名也。榮辱所係，皆在於此，其它又誰可師乎？

刑稱陳，

稱，讀去聲，當也，適合之意。陳，猶道也。言刑之輕重皆與道相稱。道，即「法儀」也。

守其垠，

舊本作「銀」，注云：「與『垠』同。」今定作「垠」。案，垠，限也。言刑合法式，則輕重各能守其分限也。

下不得用輕私門。

下不得專用刑法，則私門自輕。

罪禍有律，莫得輕重，威不分。

禍，亦罪也，與「過」通。罪言其重，過言其輕，故曰「莫得而輕重」。不分者，威操之自上，不分於下也。

請牧基，

此下二句「基」、「祺」字舊本誤植，注强解之。案，第一篇文云：「請牧基，賢者思。」此文當同，今乙轉。

明有祺，

祺，祥也，吉也。言主明察，必有吉祥。

主好論議必善謀。

以下兩言「主」，皆指君上。好謀而成，歸於善議。「好」、「善」義近。

五聽脩領，莫不理續，主執持。

《周禮·秋官·小司寇》職云：「以五聲聽獄訟，求民情，一辭聽，二色聽，三氣聽，四耳聽，五目聽。」脩，治也。領，猶治也，理也。舊本「績」誤「續」，「埶」誤「執」，今俱訂〔三四〕。績，事也。埶，權勢也。荀書凡「勢」皆作「埶」。此言以「五聽」之法，理治刑獄，於是百官莫不治其事，而君上之勢得以保持也。

聽之經，

聽，謂聽政，非限於刑獄，蓋兼賞罰言之。經，道也。

明其情，

舊本「情」作「請」，古書多借字，今訂。情，實也。聽政之道，在明其情實而已。

參伍明謹施賞刑。

參伍，猶錯雜也，比較之稱也，或往參之，或往伍之，而後施行。案，荀書《王制篇》：「聽政之大分，以善至待之以禮，以不善至〔三五〕者待之以刑。」即此句所云也。

顯者必得，隱者復顯，民反誠。

幽隱皆顯通，則民不詐僞矣。

言有節，

節，謂法度。

稽其實，

稽，考也。欲使民言有法度，而不欺枉，在稽考其事實。

信誕以分賞罰必。

信，誠實也。誕，虚誑也。虚實分，則賞罰必行。

下不欺上，皆以情言，明若日。

不欺其上，則皆以實言之，宜如日之明也。

上通利，

主無壅蔽也。

隱遠至，

幽隱遐遠者皆至矣，言近在耳目間。

觀法不法見不視。

觀法於法不及之地，見視於視不到之處，言耳目顯也。

耳目既顯，吏敬法令，莫敢恣。

闢門達聰，則法令明而吏敬畏之，不敢縱恣。案，以上論君有五之事也。

君教出，

行有律，

五論既明，則教令之出，其施行皆律貫。

吏謹將之無鈹滑。

鈹滑，見荀書《正名篇》[三六]。舊注存二説，其後説云：「滑，如字；鈹，當爲『鈒』，傳寫之誤，與『澀』同。」案，其説是也。將，持也。此言吏持法謹，無太寬，無太嚴，猶形體之無滑澀也。

下不私請，各以所宜，舍巧拙。

請，謁也，即干求之意。舍，止也。各以所宜，不私謁苟求，則巧拙如一，各止其分。此謂以道事君，不以巧拙爲强弱。案，「所」字舊本脱，依句義補。

臣謹循，

舊本「循」作「脩」，此二字古書多相亂。循，遵依也。

君制變，

此言臣當謹依舊法，而不變其制，變則在君也。

公察善思論不亂。

「論」、「倫」古字通。謂倫類條理不亂，由於察之公而思之善也。或説「思」當作「惡」，其義亦通。

以治天下，後世法之，成律貫。

取以爲法式，而成條貫也。亦即「論不亂」之意。

右第四篇《言治方》，共爲十二章（三七）。

凡《成相雜辭》四篇，都五十六章。每章廿四字，合計當爲一千三百四十四字。其中衍文三，删之；倒文四，乙轉之；脱文三，補之。其脱三字句、四字句不可補者，又句中脱一字，按上下文皆可補而未能定者，皆缺文也，共缺十五字。實存一千三百二十九字。

乙未歲夏四月魯思定著，德佩繕寫

箋荀賦竟，效《成相》體，書其後

嗟荀學，一何卓，吐詞爲經義堅確。沈潛反復，治之卅年，珠在握。一章。

有韻文，賦芳薰，《佹詩》《成相》亦紛紜。遺言餘教，弟子勉學，記所聞。二章。

就十篇，爲作箋，理而董之頗貫穿。生千載後，仰贊微詞，思大賢。三章。

休寧戴，學無對，《屈原賦注》迄不廢。核之《漢志》，名從主人，效其槩。四章。

既定著，聊自豫，簡書殺青且勿遽。閨中老妻，可以繕寫，爲我助。五章。

箸録

《漢書·藝文志·諸子略·儒家》：「《孫卿子》三十三篇。」名況，趙人，齊稷下祭酒，有《列傳》。按，此班氏注語。又《詩賦略》：「孫卿賦十篇。」案，《成相》與《賦篇》已在《孫卿子》三十二篇中，此裁篇别出之例。又案，三十三篇，王應麟考證當爲三十二篇。

章氏學誠《校讎通義》曰：「《漢書·藝文志》荀卿賦十篇居詩賦第三種之首，《漢志》曰「荀賦之屬」。當日必有取義。荀卿之書有《賦篇》，列於三十二篇之内，不知所謂賦十篇者，取其《賦篇》與否？」此章氏作未決之詞，又不知《成相》亦賦之流也，其實無可疑。

姚振宗《漢書藝文志條理》「荀卿賦十篇」條下，引謝墉《荀子序》加注云：「此五篇劉氏《别録》入《荀子》書之末，曰《賦篇》，似在此十篇之外者，猶《七略》既録孔臧賦二十篇，別有四篇見《連叢子》也。」案，姚氏此說未審，蓋由不知合《成相》與《賦篇》計之適爲十篇，以符《漢志》之數耳。

《隋書·經籍志·集部》：「楚蘭陵令《荀況集》一卷。」注云：「殘缺。梁二卷。」胡元儀曰：「《隋志》本之梁阮孝緒《七録》。蓋《七録》題二卷者，正謂《賦》一卷，《成相》一卷也。修《隋志》者不知《成相》亦賦也，徒見荀卿《賦篇》僅六賦，不可分爲二卷，疑有殘缺，故注其下曰：『殘缺。梁二卷。』亦殊疏矣。」案，胡説極確。又姚振宗《隋書經籍志考證》曰：「劉向以《賦篇》《成相詞》編入《荀子》書，則其時尚無是集也，實則《詩賦略》已具別集之體矣。」案，姚說亦是。

《舊唐書·經籍志·集部》：「《荀況集》二卷。」《新唐志》著録同作二卷。案，皆據《隋志》「二卷」之文載之而已，非別有全本也。隋、唐《志》所載固是別本，與《漢志》著録不同，然即《漢志》所載《賦》與《成相詞》也。

評論

《漢書·藝文志》曰：「春秋之後，周道寖壞，聘問歌詠不行於列國，學《詩》之士逸在布衣，而賢人失志之賦作矣。大儒孫卿及楚臣屈原離讒憂國，皆作賦以風，咸有惻隱古詩之義。」〔三八〕案，《漢志·詩賦略》分屈原、陸賈、荀卿、雜賦、歌詩之屬凡五，今陸與雜賦盡亡，無可比較，而班氏以荀、屈並稱。考荀賦多效物説理，殊少抒情，而屈全以抒情爲主，截然不同，而並言之者，以同爲離讒憂國，得古詩人風諭之旨耳。其後宋玉擬屈原爲式，亦與荀卿異趣，是則賦家鼻祖昉自屈宋，不自荀子，《漢志》蓋尊荀爲大儒，以冠其首，非荀子所處之時在屈宋前也，此義不可不知。且《漢志》雜賦著録《成相雜辭》，雖亡逸無可考，而荀詞或互見其中，是則賦之流別有四，而荀跨其二矣。屈賦之屬，踰千祀而益昌，荀賦之屬不數傳而絶響，豈無故哉？

劉勰《文心彫龍·詮賦》云：「賦也者，受命於詩人，而拓宇於楚詞也。於是荀況《禮》《智》，宋玉《風》《釣》，爰錫名號，與《詩》畫境。案，劉氏此論，則荀、宋亦可同調。六義附庸，蔚成大國。遂客主以首引，案，謂荀賦。極聲貌以窮文。案，謂屈賦。」又云：「荀結隱語，事數自環。」案，荀卿《佹詩》五篇，賦而用比，以喻其意，詞事與意義，回環相發，故劉氏云然。

《諧隱》云：「魏代以來，……嘲隱化爲謎語。迷也者，回互其詞〔三九〕，使昏迷也。……荀卿《蠶賦》，已兆其體。」案，《佹詩》五篇，體式皆同，此舉一以例其餘。《才略》云：「荀卿〔四〇〕學宗，而象物名賦，文質相稱，固巨儒之情也。」案，此亦依《漢志》爲説，惟不及《成相》一語，何也？

張惠言《七十家賦鈔序》論荀賦云：「剛志決理，輐斷以爲紀，内而不汙，表而不著，則荀卿之爲也。其原出於禮經，樸而飾，不斷而節。」案，張評深喻荀卿文理密察之意。

章炳麟《國故論衡·辨詩》云：「孫卿〔四一〕五賦，寫物效情，《蠶》《箴》諸篇，與屈原〔四二〕《橘頌》異狀。其後《鸚鵡》《焦鷯》，時有方物，及宋世《雪》《月》《舞鶴》《赭白馬》諸賦放焉，《洞簫》《長笛》《琴》《笙》〔四三〕之屬，宜法孫卿，其詞義咸不類，徐幹有《玄蝯》《漏巵》《圓扇》《橘賦》諸篇，雜書徵引，時見一耑，然勿能得其〔四四〕全賦，大抵孫卿之體微矣。」案，章氏説可見源流。

〔一〕見《史記·商君列傳》，引文略有删節。

〔二〕李陵置酒起舞而歌，事見《蘇武傳》，非《李陵傳》。蘇武歸漢，李陵置酒爲賀，「陵起舞，歌曰：『徑萬里兮度沙幕，爲君將兮奮匈奴。路窮絶兮矢刃摧，士衆滅兮名已隤。老母已死，雖欲報恩將安歸！』」

〔三〕聲詩，原作「風詩」，依《楚辭後語》校改。

〔四〕賢人，參校各本皆作「賢能」。此或以「賢人」與「讒人」對舉而改。

〔五〕飛廉，《史記·秦本紀》（中華書局點校本，一九八二年）作「蜚廉」。

〔六〕鄭玄《尚書注》已逸，此處引文見《毛詩注疏·大明》「矢于牧野」句孔穎達疏引鄭玄《書序》注。此云「《牧誓》注」，恐不確。

〔七〕伍員字，原作「伍員子」，恐係筆誤，今從國家圖書館藏宋刻本校改。

〔八〕晉獻公滅虞號，原作「晉滅秦」云云，恐係筆誤，今據《史記·秦本紀》改，並補足文意。百里奚，《史記》作「百里傒」。

〔九〕綴，原作「絀」，依劉師培《荀子補釋》及荀賦原文訂。

〔一〇〕「復」字，國家圖書館藏宋刻本、《古逸叢書》影宋台州本、宋紹熙間建刊本《纂圖分門類題註荀子》、明嘉靖世德堂本、謝墉校刻本以及朱熹《楚辭後語》均無；王先謙《荀子集解》本有。

〔一一〕以，原作「用」，今據《荀子集解·非相篇》訂。

〔二〕王念孫《讀書雜志·荀子弟八》：「引之曰：下『人』字涉上『人』字而衍，上已言『暴人』，則下『人』字可蒙上而省。此篇之例兩三字句、下皆用七字句，以是明之。」

〔三〕志之榮，原作「志之仁」，參校各本均作「志之榮」，席先生亦以此爲注，今訂。

〔四〕一而不貳，原作「一而不二」，今依賦文訂改。

〔五〕下五字，原作「下八字」，恐係筆誤，今依本卷卷首所列韻例訂改。

〔六〕辭不蹷，原作「詞不蹷」，今依原文訂正。

〔七〕聖賢，參校各本均作「賢聖」。

〔八〕「苗頑勿即工」，宋蔡沈《書集傳·益稷》（王豐先點校，中華書局，二〇一八年）作「苗頑弗即工」。今按，《益稷》本自《臯陶謨》分出。

〔九〕七旬，原作「三旬」，今依《書集傳·大禹謨》訂改。

〔一〇〕「正」字原缺，依句例此句當有七字，今據國家圖書館藏宋刻本《荀子》增。注文「樂」字亦當爲「樂正」。

〔一一〕今案，《尚書正義·舜典》：「肇十有二州。」正義曰：「禹治水後，始分置十有二州。」《周禮·職方氏》僅列九州，此處恐係誤記。

〔一二〕渚，原作「州」，依郝懿行《荀子補注》（《郝懿行集》本，齊魯書社，二〇一〇年）訂改。

〔二三〕傳，國家圖書館藏宋刻本、《古逸叢書》影宋台州本、朱熹《楚辭後語》皆作「溥」，宋紹熙間建刊本《纂圖分門類題註荀子》、宋刻元明遞修《纂圖互注荀子》本、謝墉校刻本、王先謙《荀子集解》本皆作「傳」。《史記・夏本紀》亦有「興人徒以傳土」。傳、溥同，《楚辭後語》云：「溥，一作傅，皆讀爲敷。」

〔二四〕「毛傳」下原加引號，今以其非直引，故去之。

〔二五〕後世以爲禖宮，今《十三注疏》本「世」作「王」，「宮」作「官」。

〔二六〕聖賢，參校各本均作「賢聖」。

〔二七〕王念孫《讀書雜志・荀子弟八》：「『良』當爲『長』，楊注『長用姦詐』，是其證。今本『長』作『良』者，涉注文『疾害賢良』而誤。（注言『疾害賢良』者，加一『良』字以申明其義耳。若正文則以『隱諱疾賢』爲句，『長由姦詐鮮無災』爲句，無『良』字。）」王先謙《荀子集解》按語云：「宋台州本、謝本竝作『由』，浙局本作『用』，蓋臆改。但依注，作『用』爲是，蓋『由』『用』形相似而誤。」陶鴻慶《讀諸子札記・孫卿子二》（中華書局，一九五九年）：「『隱諱』二字，語意未明，當作『隱過』，『隱過』與『疾賢』相對成文，故注以『隱諱過惡，疾害賢良』釋之，今本亦涉注文而誤。」

〔二八〕王念孫《讀書雜志・荀子弟八》：「『阪爲先』，『先』疑當作『之』。此言爲治者當進聖知而退愚，今不用聖知而用愚，是反爲之也。楊謂『阪與反同』，是也；但誤以『先聖』連讀耳。『之』字本作『㞢』，《説文》『先』字從儿、㞢（『儿』與『人』同）。此文『之』字蓋本從古作『㞢』，寫者誤加『儿』耳。『㞢』字正與『辭』『治』『災』『哉』『謀』『時』爲韻。」

〔二九〕姿態，原作「恣態」，此蓋用王念孫説，今依《讀書雜志·荀子弟八》訂。

〔三〇〕陶鴻慶《讀諸子札記·孫卿子二》：「『嫉賢』疑當作『嫉貴』。争上之寵，嫉人之貴，皆言其自相惡忌也。《堯問篇》『處官久者，士妬之』，即『嫉貴』之義。『貴』誤作『賢』，則與下文『毁賢』義複，蓋即涉下文而誤。」

〔三一〕王念孫《讀書雜志·荀子弟八》：「『利惡忌』三字義不相屬，楊曲爲之説，非也。『利』當爲『相』，字之誤也。『相惡忌』正承『争寵嫉賢』言之。」

〔三二〕勢，各本皆作「埶」，本卷第一篇第五章「忠臣蔽塞，主埶移」句下云：「『埶』，古『勢』字，荀書皆然。」第四篇第七章「莫不理績，主執持」句下亦云：「荀書凡『勢』皆作『埶』。」此處當以「埶」字爲是。

〔三三〕參見王念孫《讀書雜志·荀子弟八》。

〔三四〕王念孫《讀書雜志·荀子弟八》：「『續』當爲『績』。『主執持』當爲『孰主持』。『莫不理績孰主持』者，《爾雅》曰『績，事也』，言百官莫不各理其事，夫孰得而主持之也。上文曰『莫得輕重威不分』，正所謂『孰主持』也。又曰『莫得擅與孰私得』，又曰『莫得貴賤孰私王』，竝與此文通一例。」陶鴻慶《讀諸子札記·孫卿子二》：「『埶』當爲『孰』字之誤，言百官莫不治事，而主孰得以保持也。前章云『遠賢近讒，忠臣蔽塞，主孰移』，又云『上壅蔽，失輔孰，任用讒夫不能制』，義並與此相反。本書『勢』皆作『埶』，因誤爲『孰』。」

〔三五〕「至」字原缺，據王先謙《荀子集解·王制》增。

〔三六〕正名篇，原作「正論篇」，恐係筆誤，今正。

〔三七〕原作「十一章」，恐係筆誤，今正。

〔三八〕歌詠，原作「歌詞」；孫卿，原作「荀卿」，今據《漢書·藝文志》訂改。

〔三九〕回互，原作「回護」，恐係筆誤，今據《文心雕龍》訂。

〔四〇〕荀卿，今《文心雕龍》作「荀況」。

〔四一〕孫卿，原作「荀卿」，今據《國故論衡疏證·辨詩》（中華書局，二〇一八年二版）訂改。下同。

〔四二〕「屈原」二字原缺，據《國故論衡疏證·辨詩》補。

〔四三〕筆，原作「瑟」，恐係筆誤，今據《國故論衡疏證·辨詩》訂改。

〔四四〕「其」字原缺，據《國故論衡疏證·辨詩》補。

附録一

《薑齋文集》中賦三篇考釋〔一〕

《船山遺書》中關於集部作品有散文、賦、詩、詞、曲五部分。文章〔二〕各體收入《文集》十卷中，其中韻文占了半數，而賦在韻文中又占了十分之八九。可以説《文集》除古近體詩外，是散文、韻文的合編。《七〔三〕十自定稿·自敘》説：「『詩言志。』又曰：『詩以道性情。』賦亦詩之一也。」船山認爲，詩賦都是言志、抒情的韻文，賦不過是詩體中一個流派而已。（按，班固《兩都賦序》句：「賦者，古詩之流也。」）

《文集》各卷目録〔四〕，於正文〔五〕失載的，都注明缺字〔六〕，後來搜集《文集補遺》時，補了卷一的《倣符命》。卷六的《九礪》殘存在《憶得》卷中，只有一首，其實是五言古詩，並未補入；卷五的《九昭》，目録明説附刻《楚詞通釋》後，所以《文集》將這一篇也省略了。最成爲問題的是卷八標出賦三篇，只存《祓禊賦》《章靈賦》兩篇。雖注明缺一，但又不同於他卷體例缺文存目，因此，久不爲人所知。一直到《惜餘鬒賦》發現，我檢讀《文集》，才恍然大悟，這不被人注意的缺名一篇，確是此賦無疑。編《文集》的人，將三賦彙爲一卷，極見用意深處。新發現的《惜餘鬒賦》，因爲流傳稀少，在這裏保留全部正文，並分段作點注釋，幫助讀者理解，想借此説明船山强烈的民族意識和他的卓絶風節。至於他的思想感情，若將三賦（即《惜餘鬒賦》《祓禊賦》《章靈賦》）合觀，更覺前後一貫。

一　惜餘鬒賦

撰著年代和流傳始末

《惜餘鬒賦》，應該放在《薑齋文集》卷八，作爲第一篇。它的寫作時間和收藏、流傳的情況如何，這是必須弄清楚的。原來這賦是甲寅年（清康熙十三年，公元一六七四年）替他的學生衡陽人唐端笏（字須竹，號躬園）撰著的，全是代唐立言（其實也結合自己在内）。那年船山五十六歲，唐端笏將近四十，正當吴三桂攻下衡州的時候。賦中除主題思想外，流露一些複雜、矛盾的感情。事隔十七、八年，直到辛未（清康熙三十年，公元一六九一年）夏季，船山老病之餘，用素絹手寫此賦一通，跋尾兩段，又加書壯年所作《七歌》，將卷子鄭重地付與唐端笏，無異臨絶遺言。第二年的正月，船山逝世了，這個卷子就成爲唐氏最好的紀念品。後來，這個卷子輾轉流入邵陽一位秀才曾默卿家中，又轉手歸了曾壽麟。約在清末同治、光緒之際，曾的兒子祖禧依手跡摹刻一卷，附有漢陽黄文琛和曾氏父子的跋語，還有曾廉（《元書》作者）作了比較長的書後，對内容有所推測。但這卷子流布極稀。（我早年曾有影縮小字片紙，夾在書裹，已遍覓不得。）最近承湖南歷史考古研究所鈔寫寄來，其中幾處字句稍有脱誤，只好以意改正，依據此鈔來銓釋原文，並將船山的《跋》留在後面。按詩文集編年，在此賦及跋寫定後三月——辛未深秋有《船山記》（《文集》卷二）之作，不久，船山逝世（此《記》可稱絶筆）。因此，爲了紀念這位哲人，也就以船山爲其稱號了。

題解和本事

望文生義，這賦的名稱只是愛惜護持這剩餘的頭髮而已。「鬒」字見《詩經·鄘風·君子偕老篇》「鬒髮如雲」句，《毛傳》：「鬒，黑髮也；如雲，言美長也。」《説文・彡部》：「㐱，稠（密）髮也。」引《詩》：「㐱髮如雲。」或體作「鬒」（依《説文》，正體作「㐱」）。這黑而美長的頭髮，要把它保留下來，十分愛惜地保留下來，這決不是多餘的事。因爲在船山當時流行着「留頭不留髮，留髮不留頭」的口號。

中國傳統的習慣風俗，人的頭髮儘管生得長，總要留着，無論男女等到成年時，各自結束起來，加以冠、笄。便是男子也有笄，通叫着簪，「簪」的古文「兂」，丈夫（男子漢）的「夫」字，象徵着頭上的「兂」。用兂連冠於髮上，（現在道觀的道士冠髻裝束，正是這形象。）加冠束帶，叫做冠帶之國，以別於祝（斷）髮、文身，或者辮髮、氈裘之俗，這就代表了中夏文化。

有時剃髮只爲小兒，《説文》有「鬌」的專字，解云：「大人曰髡，小兒曰鬌。」鄭康成注《周禮》「薙氏」云：「薙，讀如鬌小兒頭之鬌」，可見字義專屬小兒。因爲成年人一般是不剃髮的。若成年人剃髮，就叫做髡，那已經構成輕刑的罪名了。「髡」是一個專字，屈原《九章・涉江篇》裏的「接輿髡首」，王逸注：「髡，剔（剃）也」，是接輿自已情願作和尚，却非罪犯。（按，當時佛教尚未流入，無剃度事。）

倘上文非贅，則將以歷史事實，爲本賦作必要的説明。《史記》《漢書》《晉書》關於外國諸傳，都提到了各個民族編髮的習俗。《南史》九十七《東貊·高昌傳》〔七〕：「國人……面貌類高麗，辮髮垂之於背，……女子頭髮辮而不垂。」記載尤爲明白。《通鑑》六十九《魏紀》文帝二年，「臣（司馬）光曰：宋魏以降，南北分治，各有國史，互相排黜，南謂北爲索虜，北謂南爲島夷。」胡三省注：「索虜者，以北人辮髮，謂之索頭也。」其實胡注尚不够詳明。沈約《宋書》九十五《索虜傳》開首一句：「索頭虜，姓託跋氏」，以下説這是種族部落的名號，記載的是北魏諸帝史實。於是魏收《魏書》九十七、八兩卷《島夷傳》，便連桓玄、馮跋、劉裕、蕭道成、蕭衍，南朝宋、齊、梁幾代的統治者皇帝都在内了。司馬光所謂「互相排黜」，已經指出，南北相謂兩語，本出李延壽《北史》一百《序傳》引其父李大師的話，胡氏也未注明。由此可見，民族矛盾在兩方修史的方法上表現得甚爲尖鋭。直到後來金、元、清的統治都是這索頭部落的索虜。（按，「虜」是獲取俘虜之意，往往用來指異〔八〕民族。）俞樾《小繁露》引宋湯璹《德安守禦録》：「建炎二年十二月，有北來群賊數萬人，皆剃頭辮髮，作金人裝束。」〔九〕清代初起自稱「後金」，本是金之遺裔，也就沿用其制。清兵入關，曾下令剃髮。王氏《東華録》四〔一〇〕，順治二年（公曆一六四五年）六月條載：「自今布告之後，京城内外限旬日，直隸各省地方，自部文到日，亦限旬日，盡令剃髮，遵依者爲我國之民（清朝順民），遲疑者同逆命之寇，必置重罪；已定地方，仍有明制，不遵本朝制度者，殺無赦。」所謂剃髮，就是把前半個腦袋剃得光光地，後面拖上一根辮子。據説隨軍還帶着剃髮的匠人，挑着擔子遊行街市，强制執行，人民稍一抗拒，就把頭斫掉懸在剃頭擔子的竿子上來示衆。（這種擔子的形制，二十年前依然存在。）甚至攻陷一些城市，必令每十人獻出頭髮三十兩才允許投降。在歷史上少數族的入主中原從來没有象清朝統治者用這種殘暴手段作人身難堪的侮辱的。民族壓迫到了這樣地步。當時統治者的口號是：「留頭不留髮，留髮不留頭。」漢族〔一一〕人民爲了愛護自己民族的風俗和習慣，使自己的衣冠服飾不致受其他外〔一二〕族的侵凌和變更，在憤怒心情下，就以寧肯留頭髮而不肯留頭顱，作爲堅決的回答。到了太平天國所進行的民族革命，就毅然下令蓄髮改裝，光復舊物。《討清檄文》〔一三〕有云：「忍令上國衣冠，淪於夷狄；相率中原豪傑，還我河山」，爲一時傳誦之句。但久經清朝統治的人民〔一四〕反而叫太平天國做「長毛」，甚至冠以賊名，我想借用船山《七礪序》〔一五〕所説「從賊者斥國爲賊，恨不與俱碎」的話來點明一下。船山這詩本爲張獻忠大西軍〔一六〕而發，對農民起義的看法因受其本階級局限，極不正確，姑且存而不論。

《惜餘鬢賦》正文今譯

□〔一七〕桐圭之睦怡兮，啓虞胙於滎河；

歷遥紹以迄今兮，孰枝葉之易柯。

感曆生之不夙兮，日景（影）倏而西馳；

猶及夫揺芡（光）之末兮，載夕炤（照）之希微。

開首「□」是缺文，因絹本字跡損壞，不敢妄補，猜想或爲「嗟」字，作嘆美口氣。「桐圭」是用《呂氏春秋·重言篇》和《尚書大傳》，周成王削桐葉爲珪以封唐叔事（《禮記·大傳》孔疏引）。唐叔虞乃成王之弟，傳説兩小伙子和和氣氣（睦怡）把封土建國的大事從兒戲中弄假成真，詳見《史記·晉世家》。（柳宗元不信此事，有《桐葉封弟辨》一文存集中。）次句「虞」字即指名唐叔，「啓祚」（胙）是開疆辟土、福胙無窮之意。唐在河、汾兩水之間，即春秋時的晉國，所以用《尚書中候》（緯書名）「帝堯即位〔一八〕，滎光出河，休（美）氣四塞」的典故，（帝堯都平陽，亦今山西地。）却是借來實指南明弘光帝朱由崧當初襲其父福王常洵的封號的事（福藩在河南洛陽）。《明史》二百二十《諸王傳》〔一九〕載：「崇禎十六年秋七月，由崧襲封，帝親擇宮中寶玉帶賜之。」因爲崇禎帝和福王由崧〔二〇〕是堂兄弟，便把玉帶比作桐圭，而「啓胙」、「滎河」，表明後來由崧在南京改元稱帝，繼承了明統。

經過（遥）遠的時間繼續（紹）到（迄）今天，都是朱氏的子孫一脈相傳，本枝百世，誰（孰）料也有變（易）的時候。感覺自己受生（膺生），爲什麼不早（夙）一些，偏偏要碰着太陽的影子（日景）向西跑（馳）了呢？但還（猶）趕得上（及）這「摇光」，（北斗杓頭第一星，見《漢書·司馬相如傳·大人賦》注，是衆星所拱的北辰。）然而已到了晚（夕）照的末運啊！按，指弘光帝而言，以後唐、桂、魯諸王可以概括，此段從身世開始。賦本爲唐端笏而作，開頭四句，遠泝唐叔，認爲後代苗裔，當然可以的。但船山寓意仍在明祚，義取雙關，所以仍保留這一段史實。我是受到曾廉跋文的啓發，不算穿鑿吧。

皇天不植余於邱隴兮，託根荄以成質；

聽零露之傾凋兮，隨樵蘇而蕭瑟。

庚不被羽毳於余躬兮，翾風跂行於中野；

翦以爲衛之白兮，剸以爲旄之赭。

老（皇）天生我（余），爲什麽不種（植）我在高的土邱，或低的田塍（隴）上？託根滋長起來的草木，聽憑落下的露去侵害（傾凋）它，又聽憑斫柴（樵）取草（蘇）的人斬伐個乾净，現出蕭索（蕭瑟）的樣子，倒也痛快；更（庚）不把翅膀（羽）和細毛（毳）加在（被）我身（躬）上，變個鳥兒和獸兒，趁着風輕飛（翾），或者在地面上（中野）爬着走（跂行），最好是剪（翦）着鳥毛作儀仗上白色裝飾。（《易經·漸卦·上九》："鴻漸于陸，其羽可用爲儀。"古有儀衛的名稱，也叫羽衛。）刺殺（剸，音團）獸取血，染成紅色（赭）的長毛牛尾做旗竿尖上的裝飾（旄），豈不更痛快！按，此段設想甚奇，頗帶浪漫氣息，欲化爲動植物供人利用，雖殺身不惜，無奈老天不批准，只好變人。看下段：

顧文身之蚤族兮，睨彫題之裔土；

欲導余而往孳兮，余邅回而不顧。

相朔漠之與日南兮，匪印心之所留；

東不嬉夫榑桑之炎烈兮，西旋馭於不周。

老天望着（顧）刻劃花紋（文身）在人身上的蜑族。（范成大《桂海虞衡志》：「蜑，水居蠻也。」）又瞄着（睨）雕刻前額（題）的蠻族，（《禮記·王制》：「南方曰蠻，雕題交趾。」）想導引我〔二〕往那兒降生（孳），我難得去（遭回），只好不服從（不顧）。看看（相）北方沙漠（朔漠）地帶和日南區域（《漢書·地理志》注：「所謂在日之南，開北户以向日者。」）都不是（匪）我（印）心上所留戀的。東邊呢，不喜歡（嬉）那榑桑（榑，音扶，《説文》：「神木，日所出也。」《離騷》「折若木以拂日兮。」即此樹。）靠近太陽火熱般氣候（炎烈）；西邊呢，雖然想控制（馭）這馬往不周山，（《離騷》：「路不周以左轉兮。」）還是回轉（旋）來罷。

按，此段選擇降生的國土，東、西、南、北邊遠之地皆非所願，只有唯一的中國〔三〕了。看下段：

睇土中而宛詣兮，曰軒與舜之所治；

象穹天而表崇崨兮，總元（玄）鬒〔三〕之崔嵬。

仰歆（欣）夫皇天之嘉則兮，内恭承於所生。

夫何狂飈暴涷之沓至兮，余九齡而既嬰。

覷（睇）定在居中的大塊國土上，我順從（宛。《詩經·魏風·葛屨篇》：「宛然左辟。」鄭箋：「宛然，讓之貌。」即順從意。）地等着去呵，（詣。《説文》：「候至也。」）説是（曰）黄帝軒轅氏和帝舜所統治的地方。象徵着高（穹）的天，而又表現出高山（崇巖）的形狀，就是結束（總）起來的黑（玄）髮挽着個高高（崔嵬）的髻兒呵。用喜悦（歆）心情望着老天，有這美好（嘉）的標準呵，這裏（内）我小心（恭）繼（承）着父母，（「所生」謂父母，《詩經·小雅·小宛篇》：「夙興夜寐，毋忝爾所生。」）因爲我甘心降生在這中土。怎樣呵，狂風（飈）暴雨（涷）連合〔二四〕（沓）地到來，我已經是九歲（齡）了（指唐端笏，代唐説話），這變亂的時代便加在（嬰）我身上。按，此段末句正指清兵入關，李自成、張獻忠領導農民大起義，明朝政權因而覆亡。

晉弱年而修度兮，誰錫余以西階之旨醴。

念嘉會之莫覯〔二五〕兮，耿潸潸而出涕。

滄沆茫茫兮，天之無門；
罻羅繁張兮，地之無垠；
胥高旻之下兮，眇焉中淪，
鬱紆行求兮，覬自靖之有循。

進（晉）入二十歲，（弱年。《曲禮》：「人生二十曰弱冠。」）要〔二六〕紀念生日（修度。《離騷》：「皇覽揆余于初度兮。」）而舉行加冠禮，可是請誰來賜給（錫）我這一杯好酒（旨醴）？來個祝詞？當我站在西階的時候呵！（據《儀禮·士冠禮》，冠者立西階，賓受醴酌冠者，有字詞、醴詞。）〔二七〕想着這種儀式（嘉會。冠禮屬嘉禮。）不可能實現呵！只是存念難忘（耿），不禁流出（潸潸）涕淚來。你看呀！寒白的大氣（滄沆），瀰漫（茫茫）着天空，沒有一扇門兒，許多繁密的網羅（罻羅），鋪開在這無邊（垠）的地面；整個（胥）高天（旻）之下，我這渺小（眇）的一身淪陷其中了，內心隱埋（鬱）迂曲（紆）地往那兒尋找（行求）呵！希望（覬）自己乾乾净净，（自靖。《書經·微子篇》：「自靖人自獻于先王。」今從《釋文》馬本「靖」作清，謂潔也」的解釋。）持守（循）高潔的品質不受污染。按，此段嘆傷年已長大，因處於政令森嚴之下，避免剔髮，冠禮未行。

雖摧折於方今兮，聊不辱於百年。
心隨隕而不舍兮，若割肌之猶連；
眷匪他之余貽兮，天申錫以在躬，
唯二人之浩蕩兮，恩永世以不窮。

雖然現在（方今）受着折磨（摧折），但没辱没我一生（百年）。假如這顆心跟着頭髮同時而俱落，那是舍不得的，好象連肉割去似的。想念（眷）付與（貽）我的青絲髮兒，不是别個（匪他）呵，那是上天賜給人的自然秉賦，而且髮膚受之父母，（二人。《詩經·小雅·小宛篇》：「明發不寐，有懷二人。」）生我的深（浩蕩）恩，是永遠也不能忘的。

疇捐棄之可忍兮，懷余誓以惟謹；
羌不隨夫落葉兮，逐〔二八〕夕風而飄霣。
申旦旦以春盼兮，無方寸之或離；
泯不告夫今之人兮，惟二子其余知。

閔狷心之憂闃兮[二九]，幾黃壚之葆真；
曶不知中道之枉僨兮，痛皇天之不仁。

誰个（疇）忍心把這頭髮去掉（捐棄）。我抱着（懷）嚴肅（謹）的誓言，那（羌，發聲）能跟着落葉這樣追逐一晚的風[三〇]，就飛下來了（飄霣）；我懷着淒慘（旦旦。當從《詩經定本》作「怛怛」，即「慘」之借字，見《衛風・氓》孔疏）的心情，望着（眄）春天的到來。（按，船山所指春天，其情可想。《漢郊祀樂章》所謂「春非我春」、「秋非我秋」也。）當着發生的季節，頭髮還要長起，寸絲都不讓它落下（離）呵！（按，意存光復。）這心事隱藏（泯）着，不可以逢人便告。只有兩位同志是心心相印，（指「其余知」的。按，「二子」是夏叔直（汝弼）、蕭一夔（常賡），爲船山壯年的患難朋友，和唐端笏不相干，見《後跋》。）隱閉（閟）着褊狹（狷）的憂國心腸[三一]，希望（幾，讀覬幸之覬，可通作冀音）知己朋友[三二]（黃壚。用《晉書・王戎傳》黃壚事，傷念亡友之詞，亦見《世説新語》）[三三]共同保守[三四]（葆）真誠的節操。突然（曶）好友半途上僕倒（僨），全節死去，枉而不枉，老天太不仁愛了，真够痛心。按，此段下半專寫夏、蕭兩人。船山有《松聲》《哀歌》[三五]兩首懷寄夏氏的詩，又有《廣哀詩》追悼之作。自

注：「己丑夏氏避剃（髮）寧遠山中，幽憤而卒。」（《憶得》卷有蕭邀飲聽夏彈《漁樵問答曲》一詩，在丁亥年〔三六〕。隔兩年夏死。又考船山佚文《籜史》中有《夏氏傳》〔三七〕一篇，頗詳。）蕭氏卒年，無從考知（蕭氏是死於兵亂的）。按「余」字這一主語，實際也包括船山本人在內，不專指唐氏，故定爲夏、蕭二子。

丁昭陽之赤奮兮，元（玄）冬届而猶暑；
雲垂垂而蕭滅兮，日赫赩〔三八〕其恒午。
熒惑妖於既夕兮，斬吾心於須臾；
欲奔身而壯拯兮，俄炧燼而無餘。

正當癸（昭陽）丑（赤奮）年（康熙十二年，公元一六七三年）冬季到來（届），還是暑熱，（船山是年《即事詩》有「暄氣熏寒月」之句。）雲垂下來就消滅了，火紅（赫赩）的太陽照耀着，老是象中午。熒惑星放着妖光，在天黑了以後，我雖動了念頭，一會兒（須臾）便斬斷了。想奔去大大地干一陣，（壯拯。《易經·明夷卦·六二》：「用拯馬壯，吉。」）這微明好象火盡油乾的燈芯（炧），頃刻之間就不存在（無餘）。按此段寫〔三九〕有事實，就是當年十一月吴三桂在雲南起兵，到十二月攻陷湖南沅州，聲勢浩大。賦中比吴作火星或者「赤熛怒」的神（熒惑），雖在冬季，却同炎天，船山不能無動於衷，連唐端笏在内，想去參加，終於未去。這種心情，是難於説明，讀者細玩船山《跋語》，可得此中消息。以後結合《祓禊賦》更爲闡發。

往者之不可追兮，悵皇皇其焉尋。

將繁霜之宜殺兮，余既保乎中林。

焭焭余魂兮，若宵望而營於曠野；

恨有索而不獲兮，又焉得夫詢者。

過去的事不必追問了，恨（悵）的是匆忙中從何處尋求。濃厚（繁）的霜快要（將）殺死草木，我避免它，藏在深林。枯寂（焭焭）的靈魂，黑夜（宵）裏悄望着曠野的周圍（營）；恨的是有求（索）而不得，又從何處找到咨商（詢）的人們。按此段敍述，既然不能和吴三桂合作，只好遠避，問題無法解決，故作此無可奈何之詞。

緬樂春之鼎折兮，在既瘳而未康；

彼啓足而猶然兮，非泯忽之可頑。

仲子纓絶於濮邦兮，必載結而乃殉；

外飾不均於切膚兮，何零喪之可頻。

遠（緬）在春秋時代，曾參的學生樂正子春跌傷了脚，（《易經·鼎卦》：「鼎折足。」此借鼎足喻人足。）已經休養好了（瘳），還是現出不安（未康）的神氣，（《禮記·祭義篇》：「樂正子春下堂而傷其足，數月不出，猶有憂色，門弟子曰：『夫子之足瘳矣，何也？』〔四〇〕樂正子春曰：『……父母全而生之，子全而歸之，可謂孝矣；不虧其體，不辱其身，可謂全矣。……今余忘孝之道，是以有憂色也。』」）憑着孝的大道理來愛護傷足，那麻痹（泯忽）的人，便覺得遲鈍（頑）了。仲由（子路，孔子弟子）爲了替衛國（濮邦。《漢書·地理志》：「衛地有桑間濮上之阻。」）的出公輒出力打仗〔四一〕，殉難，臨死還要把冠纓繫結端正（事見《左傳·哀公十五年》）〔四二〕。這結子不過表面裝飾（外飾），不比頭髮與肌膚相連（切膚），怎能經常遇着被剃（零喪）的厄運呵！按，此段寫到剃髮問題，末句的「頻」字頗難索解。仔細體會，大概吴三桂反正以後，光復區域的人可以不用剃頭辮髮。船山的看法，似乎吴之成敗尚未可知，如果吴敗，又不免於剃髮，這件事豈可再見，所以多此一重憂慮。若漫不經心讀過，便不知所云。

余眂眂以詸〔四三〕疑兮，天閶訴而無梯。
就巫咸以釋愁兮，古之人其不余稽。
涕承輔而猖狂兮，我行野而孰謀？
即敗葉之猥老兮，挹余袖而載猶。
侘傺不可以無度兮，矧色養其心恬；
憂與豫之不相雜糅兮，誰兩情之可兼。

我獨自地行走，（眂眂，音征，獨行貌，見《楚辭・哀時命篇》注。）帶着害怕（詸）和疑慮，想向天門（閶）控訴，又無梯可登。就近找巫咸問問吉凶，消除我的憂愁，古來的人，（指巫咸，王逸《離騷注》：「古神巫也。」）能解決（稽）我的問題嗎？兩頰（輔）承受着涕淚，愈來愈驚駭（猖狂），我往野外向誰打交道？（謀，《左・襄二十一年》：「謀於野則獲，謀於邑則否。」）只有殘敗的樹葉，象老成持重（猥老）的人（或即船山指明自己）拂拔我的衣袖，倒可以向（即）它定下（載）計策（猶。即謀），就是説失志（侘傺。《離騷》注：「失志貌。」）固然不可以説没有限度。老是發愁嗎？還是把氣色放寬和（色養），神志放安閑（恬）些，（《書經·梓材篇》：「引養引恬。」）憂慮與快樂（豫）兩種心情的交錯複雜（糅），怎麽能够統一起來呢（可兼）？按此段仍是對吴三桂的看法，在取舍從違之間，心情極爲矛盾，呈現驚疑狀態，帶起下文。

顧余疑之未涣兮，迪端策於神告；
宛靈氛之俯通兮，遇《剥》震於宗廟。
曰既繇（由）辨以迄膚兮，歷慘凶之必屢；
終碩果之隱存兮，憺不驚夫霜露。

因此我的顧慮（疑）並没有消除（涣）。開始（迪）來求神問卜，把神蓍（策。蓍是一種草名，卜時用來推算的）端正地擺着，活象（宛）靈氛（古明占吉凶者，見《離騷》注）下來啓示（俯通），碰上《剥卦》，首先是宗廟震動（指明朝傾覆）。《剥卦》説，從床板（辨。《易·剥·六二》：「剥床以辨。」）垮下殃及人身，（《易·剥·六四》：「剥床以膚。」）凶險越來越嚴重。慘禍還多着哩，終久好比一顆碩大果實，穩固（隱）存在，安然（憺。《九歌·雲中君》：「蹇將憺兮壽宮。」注：「憺，安也。」）不怕霜露侵害。按此段問卜以後，表示反抗精神。

始自今以延延兮，羌百齡而猶參。

蠡食蓏其弗能避兮，護〔四四〕稺實於枝南；

霜不可得而墜兮，雹逡巡而難侵。

終獲車以永載兮，緩余馬之驂驔。

往者既已反乎皇天兮，遺來者之歸后土；

惟茲心之爲碩兮，永不食於終古。

從今開始，這頭髮長遠（延延）地留着，便活到百歲，還是（猶）一絲絲的栽着（參，森立之貌），譬如瓜（蓏）類雖然免不了害蟲，但是瓜的種子（稺實〔四五〕，即《詩經·衛風·碩人》「齒如瓠犀」之犀。）還是保護得住的，長在南枝上的便是（自比所處在南方）打霜也落不了〔四六〕，下雹也枉然（逡巡，退却不能加害），到頭得着一輛車子，永久地坐下來，（《易·剥卦·上九》：「君子得輿，民所載也。」）駕着馬兒（驂驔，馬名）緩緩地走。表示這是合乎人心的。以前梳下來的落髮，只好聽其自然（反乎皇天），遺留下來的頭髮，等死後同埋葬在地下好了。只有這顆心好比[四七]碩大的果實，永遠也不被吃掉呵。（《易·剥卦·上九》：「碩果不食。」）按，全篇至此結束，最後兩段專從《剥卦》立義，仍然歸到本題，末段隱約其詞，使人推想而得，反抗精神，至死不渝。又按，本賦以避剃全髮爲題材，而篇中於清朝禁令一語不及，而且髮鬌[四八]字面也只一見，專用比興手法，所以不容易讀懂。

旁證

我不憚煩，今譯了《惜餘鬢賦》。船山跋語俟後録出。先來個旁證，就船山詩文涉及這問題的作爲補充材料，對主題思想的説明，增加些力量。

船山寫付唐氏的《七歌》録存最後一首：

洞庭翻波黿鼉吼，倒駕天風獨西走，
回首人間鏡影非，下自黄童上白首；
鐵網罩空飛不得，修羅一絲蟠泥藕。

嗚呼七歌兮孤身孤，父母生我此髮膚。

這首詩是一篇《惜餘鬒賦》的縮影，最精簡而最沉痛，詞意明白，那時船山正要投奔永曆帝行在（武岡暫時駐處），身處天羅地網之中，護惜頭髮的心情活躍紙上。「回首人間鏡影非」指出頭不對頭了。「修羅一絲蟠〔四九〕泥藕」，事見《法苑珠林》卷九〔五〇〕《六道篇·阿修羅部》引《觀佛三昧經》，説的是阿修羅王與帝釋鬥争，修羅失敗，逃入藕絲孔中，因此鬼（阿修羅）經常以淤泥藕根作爲糧食，船山詩句慣用這個典故，若不查明，便難理解。帶這一頭長髮（藕絲）鑽入泥底，但並不承認失敗。用典奇異貼切之至。

《偶悶自遣（辛卯時年四十三）》（《五十自定稿》）

鷄聲殘月夜如何，水級危輪又一過。

扯斷藕絲無住處，彌天元不罥修羅。

這詩也用了「藕絲」故事，粗心看去，如何懂得，再録兩首專説頭的詩：

《初度口占六首之五（辛丑三十三歲生日詩）》（《五十自定稿》）

十載每添新鬼哭，淚如江水亦乾流。
青髭無伴難除雪，白髮多情苦戀頭。

《無頭》（五一）（《諸皋（五二）七首》之四）（《分體稿》四）

驚霜一夕萬□枯，□□頭顱有亦無。
欲就刑天賒兩乳，冷看醬血化醍醐。

首句「□」疑是「頭」字，次句雖缺二字，詞意仍然分明，二句用《山海經》刑天（獸名）口中好銜干戚（兵器）而舞的故事。《酉陽雜俎》十四：「刑天與帝争神，帝斷其首，葬之常羊山，乃以乳爲目，臍爲口，操干戚而舞焉。」詩意是指剃髮等於無頭，説要向刑天借來兩乳，冷眼看這醬醉的血（指胡亂殺人流血）化成酥酪（醍醐），這血是可以當乳酪喝的呀。無頭的鬥争何等的强烈。

《泮林詩（十首之四）》（《分體稿》三）

鏡中鬢影笑誰如，擬似清標口易呿（五三），不爲緣愁千丈合，何人高臥半山居。
朱殷舊恨游霜刃，碧落無心挽日輿，
欲問蒼天賒老壽，晶光長護不材樗。

這首七律是晚年（乙丑，六十七歲）伏處船山之作，爲了避剃，（用船山語。）早年逃奔徭山，與兄弟民族共同生活，自稱徭人，四處流走，最後才定居石船山。此詩次聯是說：不爲這煩惱的頭髮（千丈）要留着（合），爲何住在此山中。國仇未報而清朝統治已經穩固，無法挽回，只好無用的（不材樗）活下去，然而晶光長護，餘参無恙，要向天公假年著書。試吟此詩，真算得光芒萬丈了。

《走筆示劉生思肯》（三絶句之三）（《六十自定稿》）

老覺形容漸不真，鏡中身似夢中身。
憑君寫取千莖雪，猶是先朝未死人。

乙卯六十七歲，爲劉思肯替船山寫照而作的詩。「千莖雪」指白髮，還留着前朝未死的人，你去畫罷，最關緊要的是這餘参呵！

《雜物贊——髮積》(《文集》卷九)

序：糊紙作鍾馗狀，髯而執簡，空其後，挂壁間，以納櫛餘之髮。

神力憤盈，食妖充餒。

謂髮離顛，其類惟[鬼]，

顱顛已[鬼]，[實]繁有徒。

玄冠赭袍，云胡其徂！

文中空框的字是我補上的，或許不差。紙盒儲存櫛髮，不讓它隨便散失掉。據説鍾馗是捉吃妖鬼來果腹的。髮剃下便離開頭(顛)，就變成鬼類。看看這頭變鬼的多着哩！(「實繁有徒」，成語，見《書經》《左傳》。)這鍾馗往那兒去(徂)了(冠袍是他的形象)，爲什麽不把這些鬼妖們吃掉？按，設計之奇，吐詞之妙，蓄恨之深，借神力罵盡剃頭的順民。這樣作品是戰鬥文學的典範。

《梳銘》(《文集》卷九)

序：新安黄將軍金台披緇，稱廣明大師，請余爲小傳，見贈瑇瑁梳一合，云藏之無用久矣，非先生無可贈者。感其意而銘之：

我瞻斯人，皆可贈者。達多迷頭，非無頭也。豈其遠而，神農虞夏。

黄將軍做了和尚，當然用不着梳子，只有船山先生可贈，因爲先生不肯剃髮。先生的回答是：我看這梳子任何人都可以贈送，不過這些人不是没有頭，而是迷了頭，象達多和尚迷頭認影一樣。（事見《楞嚴經》卷四、卷十，經云達多「無狀狂走」，自妄而生。）〔五四〕不要被這剃髮垂辮的頭迷住了，回頭是岸，並不遠啊！中夏古帝王的傳統，不正是我這樣留着頭髮的人嗎？按短短的六句，却感喟無窮。其它如《遺興詩》句有「達多死認鏡中頭」，又《丁亥元日詩》〔五五〕句「才得悟頭魔已過」，都是用《楞嚴經》這一出處。

依船山的看法：做和尚，給頭髮剃得光秃秃的也不雅相。雖然逃避現實，對清朝剃髮令作消極的抵抗，已顯示無力恢復漢民族的統治，只是做個方外順民，何濟於事。況且同是一剃，與神農虞夏的中國傳統文化不合。船山通佛典而不信宗教。當時遺老往往逃禪，船山師友中亦復不少。著名的青原大師方以智是船山最佩服的前輩（集中關於方氏的詩作獨多）。船山五十三歲那年，方氏化去，不久以前，還邀船山同做和尚。《南窗漫記》載：「方密之閣學逃禪潔己，屢招余，將有所授，誦『人各有心』之語以答之，意乃愈迫，書示劉安禮詩以寓慫恿之至，余終不能從。」《六十自定稿》詩題：《極丸老人（方別號）書所示劉安禮詩垂寄，情見乎詞，余一往吶吃，無以奉答，聊次其韻述懷》（詩不録）。船山雖受方以智再三逼迫，到底不從，一向難於開口（吶吃）回答，可見船山否定做和尚的堅決態度。

《〈惜餘鬒賦〉跋語》原文

甲寅春，閔躬園之志，長言以達其幽緒而廣之。歷時已夙，物變益淪，余既將揮手謝躬園返於溟漠，銜情永夜，孰與言者；躬園亦孰復與言者！書之縑素，留人間世，此理此心不以□□□□滅。他日□□静對，如鍾武城西，欷歔慰藉，僕以□□矣。辛未伏日王夫之記並書，時年七十有三，於草堂之東窗。（按，「□」是絹本損傷，字跡磨滅，不是有意的。）

書賦已，念余爲躬園言情，躬園亦應爲我言情，無容徒勞閔默。雖然，余情何足言者。歷四十五年，馬齒七十有三，粥飯在盂，阿誰操匕箸〔五六〕引之入口？是何國土杌秫？余情何足言者。因憶丁亥夏，仿少陵、文山作《七歌》，當時之情如此，則埋憂窮谷，亦終此而已，無更進於是，亦餘鬟之惜耳。作此者，與夏叔直氏將奔辰沅求義興堵公（胤錫）所在效死，至中湘，道阻不能往，重爲匪人所困，將斃溝瀆，得上湘人士蕭一夔破壁相容，敗屋荒林，相對哀吟。遺稿已忘〔五七〕，參差憶得者如此，書之躬園卷後，即如躬園之爲我言也。

二　祓禊賦

謂今日兮令辰，翔芳皋兮蘭津；羌有事兮江干，

疇憑茲兮不歡。思芳春兮迢遥，誰與娱兮今朝？

意不屬兮情不生！予躊躇兮，倚空山而蕭清。

闃山中兮無人，蹇誰將兮望春？

《惜餘鬟賦》作於甲寅（康熙十三年，公元一六七四年，見自跋），遲至戊午（康熙十七年，公元一六七八），相隔五年之後，又作此賦，正當吳三桂起兵據衡州稱號以至失敗的時候。

王敔《薑齋公行述》不載本賦，只以「維時長嘯一室」一句了之；潘宗洛的《傳》和鄧顯鶴《沅湘耆舊集》中《小傳》，都明著本事。鄧是根據潘《傳》，潘《傳》云：「戊午春，吳逆僭號於衡，僞僚有以勸進表屬先生者，先生曰：『某本亡國遺民，鼎革以來久逋於世，所欠一死耳（此句依鄧補），今汝亦安用此不祥之人爲？』遂逃入深山，作《祓禊賦》。」劉毓崧《船山年譜》「六十歲」條按云：「《行述》載《祓禊賦》僅此十句，當是節引，非全篇。《薑齋文集》内此賦亦只十句，蓋輯《文集》者即自《行述》中録出，其全篇俟考。」我看《祓禊賦》雖以賦名，實則騷體，宛然《九歌》風格，本是短章，已够表達了，劉氏疑非全篇，是不明體裁之故。後漢杜篤有《祓禊賦》（見《續漢書·禮儀志》注引，僅存三句），名同而體不同，推想杜只數典（説故事）而已。據《韓詩》曰：「鄭國之俗，三月上巳之溱洧兩水之上，……秉蘭草祓除不祥。」（《後漢志》注引）從此沿爲歷史風俗（三月三）。禊者，潔也（見《風俗通》），給不清潔的事洗濯一番，所以叫作祓襖，這便是題解。賦語不再加注解。其中最要緊的是「意不屬兮情不生」和「蹇誰將兮望春」兩句。吴三桂打着恢復明朝的旗幟，自稱都招討兵馬大元帥，興明討虜大將軍，改號周元年，却就在船山作賦的那年秋天死去。其子（世璠）回到雲南，苟延殘喘，總計前後八年，才被消滅。但這場震動清朝統治的戰争，不能不引起船山内心的波瀾，他懷着淒清的心情，盼望真正的春天，然而徒託空想；因此深藏山中，著書以終。

以下引證兩段文章，以便説明船山《跋語》和兩賦中所示的心情。

《六十自定稿序》：「人苟有志，死生以之，性亦自定，情不能不因時爾，楚人謂葉公子高，一曰君胡胄，一曰君胡不胄；云胄云不胄，皆情之至者也。葉公子高處此，殆有難言者。甲寅以還，不期身遇之，或謂余胡胄（五八），或謂余胡不胄，皆愛我者，誰知予情。予且不能自言，況望知我者哉！」

按，文中全用《左傳·哀公十六年》楚白公勝作亂的事：「楚太子之遇讒也，（中略）葉公亦至（葉公子高，沈諸梁也），及北門，或遇之，曰：『君胡不胄！國人望君如望慈父母焉，盜賊之夫若傷君〔五九〕，是絶民望也，若之何不胄？』乃胄而進。又遇一人曰：『君胡胄？國人望君如望歲焉（歲，年穀也）。日月以幾（冀君來，幾音冀），若見君面，是得艾也（艾，安也，音義）。民知不死，其亦夫有奮心，猶將旌君以徇於國（旌，表也），而又掩面以絶民望，不亦甚乎！』乃免胄而進。」（言葉公得民心。）按，胄就是盔，戴在頭部，連面部遮蔽的防禦軍用品，因此有見面（不戴）、掩面（戴着）的説法。這表示楚國人民愛護葉公的兩種心情，一胄一免，實在左右爲難。船山序中「皆愛我者」一語，借葉公事以明自己的心情亦復如此（身遇之）。到底躲藏起來，還是敞開去？消極抵抗，還是積極抵抗呢？都是愛國精神的表現。但人們（愛船山者）的看法有所不同，船山的内心矛盾（情）正自難説，只和唐端笏彼此言情，兩心默契了。

作本賦的次年（己未）六十一歲，著《莊子通》自序略云：「念予以不能言之心，行乎不相涉之世，浮沉其間者五年，弗獲已，所以應之者薄似莊生之術，無大疚愧，謂予以莊生之術求免于羿之彀中，予亦無容自解，而無以見壺子于天壤之示也久矣〔六〇〕。然而予固非莊子之徒也，有所不可兩行，不容不出乎此，因而通之，可以與心理不背。顔淵、蘧伯玉、葉公子之行，叔山無趾、哀駘它之貌，凡以通吾心也。」劉著

《年譜》按語：「今考甲寅至己未相距五年，其間皆吴據衡湘之日，所謂浮沉以應者，即泛宅于外，遷居于山，不草勸進之文，力拒僞官之請也。」這解釋是對的。《莊子通·自序》又云：「予之居才不才之間，『知我者謂我心憂，不知我者謂我何求』，孰爲知我者哉？」《南窗漫記》載，雲壑（名光，失其姓，皖人）寄詩末二句：「才與不才間，願與達者論。」〔六二〕可以互相印證。「誰知予情」、「孰爲知我？」恐怕只有唐端笏和雲壑老人堪稱知己罷！

三　章靈賦

賦作於癸巳年（南明永曆七年，公元一六五三年），船山三十五歲，若用編年例，應列兩賦之前。但此賦全爲自序體，是船山半生的總結，《文集》編者給它置放七、八兩卷的末尾，作爲殿軍，自有其意義的。正文用的是騷體，奇辭奥旨，非解不明，所以自加注釋，而且夾敘夾論。先例如謝靈運的《山居賦》、張淵的《觀象賦》、顔之推的《觀我生賦》都有詳細自注（載《宋書》《魏書》《北齊書》各本傳）。《楚詞章句》中王逸《九思》的注，想必自加。船山《九昭》借屈原來説自己，也有注釋和解題，這方法最好，免得後人瞎猜。今依據這篇賦注中所反映的事實與心情，着重談的是出仕和退隱的問題，只引注語，賦詞一概省略，但存題目而已。

船山解題説：「章，顯也；靈，神也，善也。顯著神筮之善告也。壬辰元日，筮得《睽》之《歸妹》，明年癸巳，復如之。（中略）仰承神告，善道斯章，因賦以見。」

船山借卜卦一事來作自傳式的長賦，後人利用賦注中事實部分去定年譜，是第一手資料。我單提出他内心矛盾所在，粗粗地加以分析，仍以事實爲根據。

甲申三月，崇禎帝眼見自己統治已臨絶地，在煤山上吊以殉。凶問到了衡陽，船山哀痛，「悲長夜之不復旦」（注語），曾作《悲憤詩》（失傳）。自滿洲貴族入關，弘光失敗，永曆二年（戊子，公元一六四八年），西南的抗清局勢有了轉變，乘着這個機會，船山和他同「匡社」的好友管嗣裘組織人民武裝，在衡山起義。兩個書生領導，由於缺乏支援，即時挫敗。賦注上説：「與仇戰者敗亦非辱。」但又説：「《春秋》不諱乾時之戰，言能與仇戰，雖敗猶榮。」須知船山是《春秋》學家，憑《春秋》中了第五名經魁

（崇禎十五年廿四歲），後來編成《春秋家説》《春秋世論》兩種專著。我不免下點考據，這「雖敗猶榮」語出《公羊・莊公九年傳》何休注。《經》：「八月，魯及齊師戰于乾時（地名），我師敗績。」《傳》：「此其言敗何？伐敗也。曷爲伐敗？復仇也。」《注》：「復仇以死敗爲榮。」這是《春秋公羊》的大義。船山《春秋》是通學，不墨守《公羊》，而這復仇的説法，恰被他接受過來，所以特別提出「雖敗猶榮」這一口號。與船山同時最著名的兩位愛國思想家，當清軍入侵浙江，黄宗羲糾合本鄉子弟稱「世忠營」，響應魯王（朱以海），失敗後家居著書；清軍入侵江南，南京淪陷，顧炎武與同社（復社）歸莊、吴其沆等起兵抵抗，失敗後離鄉漫游北方諸省，陰結豪傑以觀形勢，知事不成，終於著書以終。三位志士的行動如出一轍，都是在《春秋》大義的口號下「雖敗猶榮」的現實例子。順便序來，引起我們的景仰。

> 《賦注》：「舉兵不利，遂由郴桂入粵。」「戊子冬，既至行闕（肇慶），所見尤爲可憂，……復歸楚。」「己丑（次年），復由間道赴闕（梧州），拜行人（行人司，行人是官名），……有死諍之事。」「羣姦畏死，復陰戴孫可望，……既三諫不聽，……乃

以病乞身（請假），遂離行闕。」〔六二〕

綜合簡短的紀事，往下説明大概，避免多作史事的引證。

首先説起義兵失敗（關於起義的材料見於此賦注及船山所著《永曆實録·管嗣裘傳》和《籜史·夏汝弼傳》），便投到抗清所在地的永曆小朝廷，本想貢獻出自己的一切，展開救國的懷抱，揮灑貞忠的熱血，那知一接觸這内鬨形勢（黨争），預見前途可憂。次年再往肇慶、梧州一帶接受行人官職，在官僚群中，船山是具有民族意識和抗戰決心的人物。這時吴楚兩黨對立，吴黨尤其弄權賣國，永曆帝袒護吴黨，將楚黨所謂五虎除一虎外，餘均逮捕拷問。這樣大興黨獄，不管它是非曲直如何，只是削弱了抗戰力量，有利於敵人的行動。船山和他的戰友管嗣裘共同懇求大學士嚴起恒（當時在梧州惟一有正氣的人）勸阻永曆帝消釋此獄，不但無效，而且吴黨開始攻擊嚴起恒，將置之死地。船山上疏（奏本）請求允許嚴氏辭職，同時控告吴黨領袖王化澄。在政治鬥争中站在正義一邊的船山先生，因而遭到報復手段，一篇冒名的《落花詩序》誣蔑他有謀反嫌疑，幸有高必正（營帥）極力爲之辨誣，永曆帝才批准他休假。賦注所指「死諍之事」，就是這些。孫可望的事，見下段分解。

《賦注》：「時上受孫可望之迎，實爲所挾，……首輔山陰嚴公（起恒），正色立廷，不行可望之王封，爲可望賊殺。君見挾，相受害，此豈可託足者哉。是以避迹居幽，遯於蒸水之原，而可望别部大帥李定國出粤楚，屢有克捷，兵威震耳。當斯時也，欲留則不得乾净之土以藏身，欲往則不忍就竊柄之魁以受命，進退縈回，誰爲吾所當崇事者哉？」

屢經流離顛沛的永曆政權，仗着人民群衆的大力支持，與何騰蛟、瞿式耜、張同敞、嚴起恒等這一些能識大體、堅貞不阿的官僚們的維持，而能延長到前後十五六年之久。最初，荆襄十三家軍（李自成被害後大順軍的組合）由何騰蛟領導，在兩湖曾經挽救了明朝政權的厄運，使之興復起來。繼之就是李定國大西農民軍（張獻忠軍的組合）收復西南失地，延長永曆朝壽命，但起初他們共推孫可望爲領袖，據有雲南、貴州兩省，而且出兵四川。孫可望當永曆帝退守梧州之際，就想請求永曆封他爲秦王，藉此可以挾天子而令諸侯，遇到機會，便可取而代之。這個野心家，原是動摇的。永曆虚擁帝位，實則寄人籬下。嚴起恒與金堡等堅持没有異姓封一字親王的事例。於是孫可望懷恨不滿，以迎接永曆帝爲名，實行殺戮反對封王的大臣，嚴起恒首先遭到了毒手，金堡也折斷了脚。永曆帝自然不敢到貴州去，後來還是寄居安隆所（貴州邊地）好幾年，直到孫可望投降清朝，李定國大立戰績擁護永曆到雲南，奠都昆明作最後的據點，以後逃到緬甸，被捉回，爲漢奸吴三桂絞殺在昆明城内逼死坡（後人從而名之），結束了永曆王朝。當年（康熙元年，壬寅，公曆一六六二年）李定國以身殉難，不愧民族英雄稱號。（最近人民報（六三）載昆明市爲李定國作逝世三百周年紀念，這是值得重視的。）

賦注中對孫可望深惡痛絶，説是無可託足，因而隱遁，但對李定國不容漠視，未免進退縈回之念。據潘宗洛作的傳，李定國軍入衡州時，曾招船山，未往。那時船山隱居蒸源（邵陽耶薑山），只因孫可望太專横，躊躇不決，然而全無輕絶李定國的意念。船山於孫李二人是區别對待的。

《賦注》：「愛主之心，尤不能忘，遄寄此情，欲往就之，姦雄窒路，如天難登，如之何弗怨也。」「自違君側以來，於兹三歲，望屬車之清塵，而深其慕憶。」

「心念此去終無見吾君之日，離魂不屬，自此始也。」「今孤臣在千里之外，吾君在存亡之間，寸心孤往，且以永懷，思主則愴怳而煩心，求仁則堅貞而不怨，《章靈》之作，意在斯乎？」

就退隱説，爲了孫可望；就求仁説，是全賦的作意。眷戀君主的心情，簡直與屈原無異。船山所仰慕的是屈原、杜甫、文天祥、鄭思肖，這些忠君愛國有民族氣節的人物，具見《九昭》《七歌》《七礪》諸作中。《南窗銘》有「夕堂拂螘之志，丘首滇雲」的詞句，《樂府》詩《長相思》第二首，詞苦志悲，都是爲永曆而作，並且兩續《悲憤詩》（一爲弘光，一爲永曆），可惜失傳了。

《賦注》：「庚寅冬，兩粤既陷，死於亂兵者幾矣，固誓捐生，而勢不便，……静言自責，蓋亦志之未光，故有波流以有今日之生。方之古人，於斯愧矣。」（《家世節録》永曆二年述：「先君之訓，如日在天，能率若不忘，庚寅之役，當不至與匪人力争，拂衣以遁，何至棲遲岐路，至於今日求一片乾净土以死而不得哉！」）〔六四〕

《賦注》：「今者所居非乾净之土，所鄰而狎者皆化獸之人，……茫然未覺，便往而不叶，歸于一死而已。……既已覺之，則非死之恤而失身之爲憂。」

上所引文，都表見了内心的矛盾，然而終於不失身，又是求仁不怨之説了。我們回顧一下《惜餘鬒賦》跋語：「阿誰操匕箸引之入口，是何國土秔秫。」沉痛之至，可當絶命辭讀。

總之，船山用愛國主義打擊了投降主義，退隱以後，著書立説；又用唯物主義打擊了唯心主義（參用汪毅著《王船山社會思想》的説法），作了更多有益於人民的工作。他有偉大的民族自尊心，他的武器是筆、硯、墨，在這些銘詞中尤其突出（見《文集》，不具引），甚至在《硯蓋銘》上説：「苟藏身之已密，彼於我何有哉！」這是避剃全髮，伏處深山反抗到底的比喻。《觀生居銘》説：「亭亭斯日，鼎鼎百年，不言之氣，不戰之爭。」這是他終身戰鬥的自白。

我考釋三賦，只是對資料的學習，聊供同志們參考；至於船山的民族意識和愛國精神，貫穿在全部遺書中，影響之巨，衆所周知，我不打算多説了。

一九六二年十月三日修改於武漢大學

〔一〕本文係席先生爲參加一九六二年十一月在湖南長沙舉辦的王船山學術討論會而作，文末載明修改於同年十月三日。文章的第一部分曾以《〈薑齋文集〉遺文〈惜餘鬒賦〉考釋》爲題發表於《江漢學報》一九六二年第十一期，後又經作者「作了若干校訂」收入中華書局一九六五年八月出版的《王船山學術討論集》下册。今以一九六二年十月三日修改本爲底本，第一部分並以《江漢學報》本、《王船山學術討論集》爲參校，並將修改痕跡以脚注形式注出，力圖反映其思考的變化。第一部分《惜餘鬒賦》係王船山之佚文，見載於一九一〇年六月《國粹學報》第六十八期（鈔自邵陽曾氏藏本），以及一九三四年十月《船山學報》第二卷第五期（轉録自湘鄉王禮培舊藏單行孤本。此本完整保存席先生文中提到的黄文琛、曾壽麟、曾祖禧的跋尾及曾廉寫的書後），也作爲參校。文中船山之詩文，參考《船山全書》（岳麓書社二〇一一年《湖湘文庫》本）。底本繁簡字混用，今改爲標準繁體。

〔二〕文章，原作「散文」，後文云「其中韻文占了半數」，韻文不當包括在散文中，今從《王船山學術討論集》本訂之。

〔三〕「七」當作「六」。引文見《六十自定稿·自敘》，參見《船山全書》第十五册第三三一頁。

〔四〕《王船山學術討論集》本無「目録」二字。

〔五〕「正文」二字，原作「篇名」，當據《王船山學術討論集》本改。

〔六〕注明缺字，《王船山學術討論集》本表述爲「在篇目下注『闕』字。」

〔七〕「九十七」當作「七十九」，「東貊」當作「夷貊」。《南史》（中華書局點校本，一九七五年）卷七十九「夷貊下」有「東夷」之傳，「東貊」或涉下而誤。

〔八〕異，《王船山學術討論集》本改爲「其他」。

〔九〕見俞樾《曲園襍纂》卷三十六《小繁露》「剃頭辮髮」條。（《春在堂全書》第三册，鳳凰出版社，二〇一〇年影印光緒版，第二四一頁）引文略有删節，「《德安守禦録》」即「《建炎德安守禦録》」。

〔一〇〕《東華録》四，依王先謙《東華録》編年體例，當作「《東華録》順治四」（《續修四庫全書》第三六九册第二四〇頁，上海古籍出版社，一九九五年）。引文亦略有删節。

〔一一〕「漢族」兩字，《王船山學術討論集》本删去。

〔一二〕「外」字，《王船山學術討論集》本删去。

〔一三〕此文流傳中並無定名，傳爲石達開所作，初見於近代黄世仲一九〇六年所著《洪秀全演義》第十四回《李秀成百騎下柳郡　石達開傳檄震湖南》。羅爾綱從行文用語、署銜及流傳背景等方面考證，認爲係「清朝末年反清黨人爲鼓吹革命而僞造的」（《太平天國史叢考甲集·太平天國的文書》，三聯書店，一九八一年，第二〇二頁）。考晚清張德堅著《賊情彙纂》卷八載「僞指揮聯句」有：「指示機宜，傷心二百餘年，忍令故國衣冠淪爲妖服；揮軍力戰，假手六千君子，但願當朝父老復還王都。」（沈雲龍主編《近代中國史料叢刊》第二十二輯，影同治十一年抄本，文海出版社，一九七三年，第六九〇頁）與所引四句語意、氣概相若，或爲所本。

〔一四〕「人民」二字，《王船山學術討論集》本改爲「一些人」。

〔一五〕《七礪序》，當作「《九礪之一序》」。按，船山原有《九礪》九章，「大亂後盡失其稿，僅約略記憶其一」，題作「《九礪之一》」收入《憶得·癸未》中，此處引文見《九礪之一序》，已非《九礪》原序。參見《船山全書》第十五册六九三頁。

〔一六〕大西軍，原誤作「大順軍」，今據《王船山學術討論集》本改。

〔一七〕「□」，《國粹學報》本作「翳」。

〔一八〕即位，《藝文類聚》（汪紹楹校訂本，上海古籍出版社，一九八五年）卷十一《帝王部一·帝堯陶唐氏》引作「即政」。

〔一九〕二百二十，依《明史》（中華書局點校本，一九七四年）當作「一百二十」。

〔二〇〕崧，原作「檢」，朱由檢即崇禎帝，此當係筆誤，今據上下文意訂之。

〔二一〕「我」字後原括注「卬」字，實誤，對應原文當爲「余」，今從《王船山學術討論集》本删去。

〔二二〕中國,《王船山學術討論集》本改爲「中土」,以從賦文「土中」。

〔二三〕鬒,原作「鬢」,《國粹學報》本、《船山學報》本並作「鬒」。《説文》:「鬢,頰髮也。」本文引《毛傳》:「鬒,黑髮也。」席先生下文亦以「黑髮」釋之,此處當以「鬒」爲是。

〔二四〕連合,《王船山學術討論集》本改爲「接連」。

〔二五〕覿,《國粹學報》本作「覯」,二字形似,義亦可通。

〔二六〕「要」字係《王船山學術討論集》本增。

〔二七〕自「冠者」至「醴詞」原加雙引號,查原書知爲意引,今去之。

〔二八〕逐,原作「遂」,恐係筆誤,下文即以「追逐」釋之。又《王船山學術討論集》本、《國粹學報》本、《船山學報》本均作「逐」。

〔二九〕「惟二子其余知」、「閔狷心之憂閔兮」兩句原缺,下文有兩句相關之釋義,今據《王船山學術討論集》本加入。

〔三〇〕「這樣追逐一晚的風」,《王船山學術討論集》本改爲「那樣追逐晚風」。

〔三一〕心腸,原作「心傷」,據《王船山學術討論集》本改。

〔三二〕「知己朋友」四字前,《王船山學術討論集》本加「死去的」三字。夏叔直卒於庚寅年(一六五〇年)冬(據王船山所著之《籜史·孝廉夏公》,《船山全書》第十一册,六〇二頁),而此賦作於一六七四年。蕭常賡生卒年不詳。

〔三三〕《王船山學術討論集》本釋「黄壚」有異：「借用《淮南子・覽冥訓》『上際九天，下契黄壚』語，高注：『黄泉下有壚土也。』」

〔三四〕「共同保守」四字前，《王船山學術討論集》本加「與我」二字，語意更爲順暢。

〔三五〕《松聲》《哀歌》，此係省稱，詩題分别作「《夏日讀史曳塗居聞松聲懷夏叔直先生》」（見《憶得・丁丑》）、「《淫雨彌月將同叔直取上湘間道赴行在所不得困車突山哀歌示叔直》」（見《憶得・丁亥》）。

〔三六〕詩題當作「《蕭一夔邀飲桐陰聽叔直彈漁樵問答》」。

〔三七〕《夏氏傳》，當即「《孝廉夏公》」，最先刊載於《船山學報》第一卷第六期（一九一六年一月）。《籜史》係船山所作明末抗清志士之傳記合集，其書至一九一四年始由船山後人王廷贊以家藏鈔本交於湖南船山學社，一九一五年起作爲「船山遺稿未刊之一」陸續刊載於船山學社主辦之《船山學報》。

〔三八〕赫艴，《國粹學報》本、《船山學報》本、《江漢學報》本同。《王船山學術討論集》本改爲「赫赫」，不知所據何本，或以「赫赫」與「垂垂」相對成文。

〔三九〕寫，《王船山學術討論集》本改爲「寓」。

〔四〇〕「何也」前當有「數月不出，猶有憂色」八字。（孫希旦《禮記集解·祭義》，中華書局一九八九年，一二二八頁）

〔四一〕出公，原誤作「爲公」，《王船山學術討論集》本正作「出公」。又，《王船山學術討論集》本删「出力」兩字。

〔四二〕十五年，原作「十六年」，今據《左傳》（楊伯峻《春秋左傳注》，中華書局一九八一年，一六九六頁）訂正。

〔四三〕訹，各本皆作「怵」，「訹」、「怵」義通。

〔四四〕護，原作「獲」，下文以「保護」釋之，《國粹學報》本、《船山學報》本正作「護」，今訂。

〔四五〕穉實，原作「樨實」，今據賦文訂正。

〔四六〕打霜也落不了，《王船山學術討論集》本表述爲：「霜打不了」。

〔四七〕「好比」兩字後，《王船山學術討論集》本加入「剩下的一個」五字。

〔四八〕鬒，按文意當作「鬒」，賦中僅一見（「總玄鬒之崔嵬」）。

〔四九〕蟠，原作「盤」，上文所引原文及《船山全書》本均作「蟠」，今訂。

〔五〇〕卷九，當作「卷五」，參見《法苑珠林》（《中華大藏經》漢文部分，中華書局一九九四年版，七十一册二四一頁）。

〔五一〕詩題「無頭」，《船山全書》本作「□□□□無頭」，上缺四字。

〔五二〕「諸皋」兩字下，席先生注：「用段成式《酉陽雜俎》篇名志異。」

〔五三〕「呿」字下，席先生列船山自注：「《莊子》：『口呿而不得合。』」

〔五四〕原標點雙引號起「達多」，迄「而生」，今參《大佛頂如來密因修證了義諸菩薩萬行首楞嚴經》卷四（《中華大藏經》漢文部分第二十三册第五〇八頁，中華書局一九八七年版），知爲意引，據以訂之。

〔五五〕此係省稱，詩題作「《丁亥元日續夢菴用袁石公韻》」，見《船山全書》第十五册七〇二頁。

〔五六〕箸，原作「著」，據《國粹學報》本、《船山學報》本改。

〔五七〕忘，《國粹學報》本、《船山學報》本並作「亡」。

〔五八〕「胡」字原脱，今據《六十自定稿·自叙》補，參見《船山全書》第十五册第三三一頁。

〔五九〕盜賊之夫，《左傳·哀公十六年》（楊伯峻《春秋左傳注》，中華書局，一九八一年）作「盜賊之矢」。

〔六〇〕本段引文，「無大疚愧」下當接「然而予」以下，「謂予」至「久矣」三十四字本另起一段。又「壺子」，原作「壺天子」，「天」字衍文，據《莊子·應帝王》删。

〔六一〕「才與不才間，願與達者論」，《船山全書》作：「材與不材間，願共達者論。」（《船山全書》

十五册，八八八頁）

〔六二〕此處引文原皆在同一引號内，今核原文，知其原非同段後之注語，且中多省略，今以每敘一事爲一起訖。下仿此。

〔六三〕人民報，當指「《人民日報》」，《人民日報》一九六二年八月十七日載《雲南史學界和文化界紀念李定國逝世三百周年》一文。

〔六四〕「永曆二年述」五字原在引號内，船山《家世節録》原文無此，故標點略作調整。又，《家世節録》自序云：「時□□十有二年季秋月朔日乙未，徵仕郎行人司行人介子夫之謹述。」（《船山全書》十五册二〇九頁）據清劉毓崧《王船山先生年譜》，此兩字白框爲「永曆」，則《家世節録》成於永曆十二年（《船山全書》第十六册二〇七頁）。此作「永曆二年」，或脱「十」字。

附録二

湘賢親炙録（節録）

張舜徽

席啓駉先生，字魯思，東安人。席氏在東安爲望族，至其伯父寶田，以諸生從戎，同治間積軍功官至布政使，贈太子少保。家益豐贍，藏書尤富。父業，字夢禪，亦名諸生，優於文史，有志用世，清季官至江西候補知府。

先生自幼聰穎異常，讀書過目成誦，不假師授，博習經史。甫十餘歲，即論説古今，擅長詞翰，有成人之度。既而其父宦遊北京，任國會議員，先生隨家北上，居京師數載，益購取所欲讀之書而盡究之。復獲交當時名流學者，上下其議論，以博雅爲友朋所稱。其時京中學者若陳垣、楊樹達、吴承仕、高步瀛、尹炎武、孫人和等方成立「思辨社」，以爲討論學術之地，先生與焉。時年二十六，在社中爲最少。其後隨家南歸，過漢小留，以吴承仕之介，見黄侃於武昌高等師範學校，與談竟日。黄大驚服，即面請先生留武昌主高師講席，先生謝之；又致函以申前請，終以舉室同行，不願獨留，即趁車還湘。居未久，應船山大學之聘，講學數年；旋至長沙，任教湖南大學中文系，且十載。迨抗日戰争起，始離長沙，講學國立師範學院，不久辭去。後乃税駕武昌，任武漢大學教授歷二十年。

先生治學，以經史植其基，而博覽及於四部，不屑從事於一字一名一事一物之考證，主於講明大義，考鏡源流。尤精熟歷代史實，服膺涑水《通鑑》，讀之數過。嘗以清儒於群經皆有新疏，惟《禮記》獨闕，有意鈎稽衆家之義，成《禮記新疏》，終以他事間之，不能專心力理此繁難之大經，未及屬稿而罷。

舜徽年甫十七，始見先生於長沙，讀先生所爲文，歎其高雅，即執贄稱弟子，相從以問文章爲事。多蒙啓牖，飫聞緒論。先生論文，主於自鑄偉詞，單複並施。自少素精《選》理，於李兆洛所纂《駢體文鈔》，推重尤至。天才既卓，益以汲古之功，故下筆之頃，輒能典雅絶俗，無一閒字。論者多謂湘綺餘響，惟先生其髣髴之，非過譽也。顧一生不喜輕率著書，平日應人之求，所爲碑傳、墓志、序跋之文，皆不留稿；教書數十年，即所編講義，亦不使一字流布，以高文碩學而無著述永傳於後，故論者尤惜之。年七十卒。

（張舜徽《舊學輯存》下册《憶往篇》，華中師範大學出版社二〇〇八年版）